# LGBTの子どもに寄り添うための本

カミングアウトから始まる日常に向き合うQ&A

ダニエル・オウェンズ=リード 著
Dannielle Owens-Reid
クリスティン・ルッソ
Kristin Russo

金成 希 訳

This Is a Book for
Parents of Gay Kids

A Question & Answer Guide
to Everyday Life

東京 白桃書房 神田

ソフィアと彼女のママ，キャロルへ

This Is a Book for Parents of Gay Kids
by
Dannielle Owens-Reid and Kristin Russo.
Copyright ⓒ 2014 Everyone is Gay, LLC.
All rights reserved.
First published in English by Chronicle Books LLC, San Francisco, California.

Japanese translation rights arranged with
Chronicle Books LLC
through Japan UNI Agency, Inc., Tokyo

# 序　文

リンダ・ストーン・フィッシュ博士

　あれは1980年代初めのことでした。私は，結婚や家族に関するセラピーを専攻して博士号取得を目指していて，最初の子どもを妊娠しました。これは幸運なことでもあり，大変なことでもあります。世界的に有名な「家族学」の先生から，とてもためになる助言をいただいたのですが，あいにく，親になるとはどういうことかというイメージを思い描くのには役立ちませんでした。ある教授は，「これから君の人生の半分は，喜びで心が満たされるが，あとの半分は苦痛にさいなまれるだろう」と予言しました。私としては，「子どもが成長するのを見まもりながら，子どもとは何かを知っていくことになるんだよ」と言ってほしかったのですが。

　私は「家族セラピスト」として，親たちが家庭を築いていくときに直面する，数えきれないほどの危機，心の傷，人生で待ち受ける障害をうまく乗り越えていけるよう，手助けできないかと考えています。『Nurturing Queer Youth: Family Therapy Transformed（クィアの若者の親として──移り変わる家族療法）』という本を書いてから，私は世界中を回って，専門家や，カミングアウトのプロセスを経験している家族と話をしました。すると多くの親たちから，「お勧めの本はありますか？」と聞かれます。ロバート・キーガンの『The Evolving Self（変化する自己）』（1982年）とアンドルー・ソロモンの『Far from the Tree（アイデンティティと遺伝）』（2012年）の2冊は，私もよく読んでいましたが，どちらかというと，自助的な本というよりも論文調のところがあるので，残念ながら首を横に振るのが常でした。けれども今，私は胸を張って，心の底から，本書『LGBTの子どもに寄り添うための本』を勧めたいと思います。

　研究者や臨床医は，子どもが親に対して行うカミングアウトのプロセ

スは，ゲイとしてのアイデンティティが形成される上で，特に重要な出来事の一つであると考えています。子どもが，自分の親に対して最も基本的な認識に反発するとき，家族の中に混乱が生じることがよくあります。本書の著者である2人は，この感情的に難しい，人生を左右するような出来事を通じて，子どもと親の両方に成長を促すような建設的な方法で進むべき道を示してくれています。

　本書には，思いやりに満ちた，分別のあるアドバイスがいくつも書かれています。そして，この本は発見へのプロセスを幅広くつづった，正直で，心のこもった百科事典でもあります。多くの家族の体験を例として引くことで，カミングアウトへの最初の反応を経て，対応のしかたがさまざまに変化していくことを読者は理解するでしょう。そして親たちは，子どもが安心して戻ってこられるよう，クッションを用意するようにと励まされます。また各章の終わりには，章の要点がまとめてあるのも便利です。

　私は本書を，思春期や青年期にある子どもを持つ親が読んで役に立つ入門書として，心からお勧めします。著者のダニエルとクリスティンは，良い親になるためには対話と，辛抱強さと，反省という3つの要素が大切だと言っています。2人は本書を通じて，「親はどうあるべきか」ということに少しずつ光を当て，家族全員がカミングアウトのプロセスを乗り切っていくのに役立つ，有益なアドバイスを示してくれています。

リンダ・ストーン・フィッシュ博士
　アメリカ・ニューヨーク州のシラキュース大学で結婚と家族療法を教えるかたわら，家族セラピストの肩書きも持つ。特定年齢層を対象とした家族療法をテーマとする論文を多数発表しているほか，レベッカ・ハーヴィー博士との共著『Nurturing Queer Youth: Family Therapy Transformed（クィアの若者の親として――移り変わる家族療法）』がある。

目次

序　文……3
はじめに……9
カミングアウト　クリスティンの場合……13
カミングアウト　ダニエルの場合……15
私たちは「ゲイ」という言葉をこう使っています……17
日本語版訳者から　LGBTQに関する用語について……19

## 第1章　子どものカミングアウト

- うちの子からカミングアウトされました。子どものために何をしてやればいいのでしょうか？　助けてください！⊃22
- 偶然，自分の子どもがゲイであると知ってしまいました。どうすればいいでしょう？⊃25
- 自分の子どもがゲイではないかという気がします。けれども，カミングアウトはされていません。こちらから聞いた方がいいのでしょうか？⊃31
- 子どもが学校でカミングアウトしたいと言っていますが，大丈夫なのでしょうか？⊃36
- うちの子はまだ幼いのにゲイかもしれません。どうすればいいでしょう？⊃38

## 第2章　親としての最初の反応

- これは子どもの選択でしょうか？⊃44
- 私がいけなかったのでしょうか？⊃47
- これは一つの段階だと思っていいのでしょうか？⊃48
- 子どもに質問してもいいのでしょうか？⊃52
- ほかのきょうだいもゲイになりますか？⊃57

# 第3章　誰に話すか

- 子どもがゲイであることをほかの人にいつ知らせればいいでしょうか？ ⊃62
- 誰に知らせればいいでしょうか？　子どものきょうだい？　祖父母？近所のよく知っている人？ ⊃69
- 子どもが，私の配偶者にはカミングアウトしたくないと言います。どうすればいいでしょうか？ ⊃76
- ほかの人はどう思うでしょうか？ ⊃79

# 第4章　子どもの将来

- うちの子がこんなふうになったことを，どう受け止めたらいいでしょう？ ⊃87
- 子どもの関心は変わるのでしょうか？ ⊃90
- うちの子はバイセクシュアルです。今後ストレートになる可能性があるということでしょうか？ ⊃95
- うちの子は，周囲と違っていると思われるのでしょうか？　差別を受けるのではないかと心配です。 ⊃97
- 将来，家族を持てなくなるのではないでしょうか？ ⊃103

# 第5章　性教育について

- ゲイだということは，私の子どもの性生活は乱れているということでしょうか？ ⊃108
- どのように安全なセックスの話をすればいいのでしょうか？ ⊃110
- エイズのような性感染症の心配をするべきでしょうか？ ⊃113
- ただの友だちと，友だち以上の関係とを見分ける方法はありますか？ ⊃118

- ▶外泊にはどのように対応すればいいでしょうか？ ⤵119
- ✚ 安全なセックス入門 ⤵122

# 第6章　信仰との関係

- ▶子どもは地獄に落ちてしまうのでしょうか？ ⤵128
- ▶ゲイであることは，私の信念に反しているのですが，子どもの支えになってやることはできるでしょうか？ ⤵130
- ▶子どもの幸せを願っています。けれども，やはり結婚は男女でするものではありませんか？ ⤵134
- ▶信仰に篤い家族や友人に理解してもらうにはどうすればいいでしょうか？ ⤵135
- ▶子どもは信仰を持ち続けてくれるでしょうか？ ⤵137

# 第7章　ジェンダー・アイデンティティ

- ▶ジェンダー・アイデンティティと性的指向とはどう違うのですか？ ⤵145
- ▶うちの子は，自分のジェンダーが分からなくなっているようです。これはどういうことなのでしょうか？ ⤵147
- ▶うちの子が，自分の性別とは違う服装をしています。これがトランスジェンダーということなのでしょうか？ ⤵152
- ▶子どもが自分の性別とは違う呼び方をしてほしがっていますが，どうすればいいでしょうか？ ⤵155
- ▶うちの子は，自分が生まれたときに割り当てられたのとは違う性別の公衆トイレを使いたがります。使わせてやってもいいのでしょうか？ ⤵157
- ▶子どもが別のジェンダーにトランジションしたいと言っています。どうすればいいでしょうか？ ⤵159

# 第8章　子どもを支えていくために

- ▶子どもが学校でいじめに遭っています。どうすればいいでしょうか？
  ⊃170
- ▶LGBTQの子どもは，うつ病になったり，自殺を図ったりする危険性が高いのでしょうか？　子どもの行動が心配で，何とかしたいと思っています。⊃176
- ▶これからは，政治活動に積極的に取り組んだ方がいいのでしょうか？
  ⊃178
- ▶私が支持する政党は同性結婚に賛成していません。どのように折り合いをつければいいでしょうか？⊃180
- ▶支援グループに入った方がいいのでしょうか？⊃183
- ▶子どもを困惑させずにプライドを示すには，どうすればよいでしょう？
  ⊃186

**さらに前へ進みましょう**……189
**用語集**……191
**資料一覧**……199
**謝　辞**……210
**索　引**……211


装幀：中村美紀（リリーフ・システムズ）
編集・DTP：リリーフ・システムズ

# はじめに

　2010年，私たち，ダニエルとクリスティンとは，共通の友人が何人かいるくらいしか接点のない，ただの知り合いでした。ダニエルは，骨をうずめるつもりでシカゴからニューヨークに引っ越そうとしているところで，ウェブサイト『ジャスティン・ビーバー似のレズビアンたち』を開設したのもちょうどその頃でした。たまたまダニエルはクリスティンに，サイトに寄せられた好意的なフィードバックに交じって，「クリスティンはレズビアンをステレオタイプでしかとらえていないし，LGBTコミュニティをジョークの種にしている」というコメントがあったことを話しました。ダニエルは，このコメントはまったくの見当違いだと思うと言い，クリスティンもそうだと答えました。当時クリスティンはジェンダー研究で修士号取得を目指していたので，このような問題についてきちんと話し合えるだけの十分な知識を持っていたのです。そこで2人は協力して，批判的なフィードバックに対処しつつ，コミュニティから寄せられた質問に回答し，その一方で，いかにも私たちらしい，おもしろみと親しみのあるウェブサイトを開こうということになりました。こうしてできたのが『Everyone Is Gay（みんなゲイ）』です。このサイトが，まさかLGBTQ（レズビアン，ゲイ，バイセクシュアル，トランスジェンダー，ジェンダークィア，クェスチョニング）の若者たちを支援する団体設立への第一歩になるとは，そのときには夢にも思いませんでしたけれど。

　あとになって分かったのですが，世界中のLGBTQの若者は，どこかに自分の疑問をぶつける場所はないかとうずうずしていたのです。人に言えないことがたくさんある。けれども，話したいこともたくさんある。ただ，打ち明け話をするための場所がなかったのです。私たちのサイトは匿名での質問も受け付けています。若者たちが，ほかの人からどう思

われるかを気にせず、安心して質問できるオープンな場所にしたかったからです。カウンセラー、親やきょうだい、友だちに打ち明けたら、どんなことになるのだろう、どう思われるか、変な目で見られるのではないかと思っている子どもや若者は大勢います。EveryoneIsGay.comは、自分の支えとなる、役に立つアドバイスを求めている人のためのスペースなのです。

　すぐに私たちのところに、質問や、意見や、コメントが寄せられました。子どもたちからだけではなく、親や、教師や、LGBTコミュニティの人や、おばだという人や、ボーイフレンドなど、いろいろな人の声を聞かせてもらいました。毎日ウェブ上で質問に答え、数カ月後には、読者が特に知りたいと思う質問を取り上げる動画をアップし始めました。サイトの規模が大きくなるにつれて、人からとやかく言われることなく、疑問に答えたり、いろいろな話を共有したりするための快適な場所を、心の底から必要としている人が無数にいるのだということを思い知らされたものです。

　今では何百万人という人がサイトを訪問してくれています。そして、実用本位のものから、深刻な内容のものまで、5万件もの質問が私たちのところに寄せられています。たとえば、「親友のことが好きになってしまいました。どうすればいいでしょうか」とか、「家族はみんな信仰に篤いのですが、どうやってカミングアウトすればいいでしょう」といったものです。サイトを開設してまもなく、あちらこちらのミドルスクールや、ハイスクールや、大学に行って、私たちからのメッセージを伝えようと決心しました。そして、みんなを笑わせながら、「平等」という考えを持ってもらおうと思ったのです。これは大きな転機となりました。ようやく私たちは、インターネット上では匿名の存在だった多くの人たちに向かって語りかけることができました。子どもや若者たちからは、仲間や親と会話する機会が増えたとか、サイトで毎週公開されるアドバイスの動画を家族と見ているうちに、前には口にできなかったような話題を気楽に話せるようになったとか、EveryoneIsGay.comのお

かげで，本当の自分を見つけ，そのことを家族に伝えるための勇気を持つことができたとか，いろいろな話を聞かせてもらいました。

　世界中のLGBTQの若者とじかに触れ合ううちに，私たちは，今の子どもや若者が抱えている問題について独特の考え方を持つようになりました。あとで紹介しますが，私たち2人には，それぞれに家族にカミングアウトしたときのストーリー（実話）があります。しかし，この数年間に若者たちに向かって話をした経験がなければ，この本を書き上げることはできなかったと思います。自分のセクシュアリティについて家族にどうやって話せばいいだろうと悩んでいる若者を何千人も目にしてきました。またその一方で，子どものセクシュアリティを受け入れるプロセスがまったく分からないという何千人の親たちにも会いました。私たちは人の親ではないけれども，（自分たちのも含めて）大勢の親と話をしてきたし，そのおかげで，カミングアウトを経験することは，子どもや若者だけではなく，親にとっても一大事なのだということが分かってきたのです。こんなはずではなかった，これは自分の信念とは相容れないものだ，うちの子の将来はどうなってしまうのだろう，情報に基づいた前向きな方法で行動するために手を貸してほしい，などといろいろ考えてしまうのでしょう。けれども，特にカミングアウトのプロセスの第一段階には，自分の子どもにいろいろ尋ねようとしても，答えたがらなかったり，そもそも答えることができなかったりするものなのです。そこで私たちが，双方の橋渡し役になりたいと思ったのです。

　この本では，カミングアウトの最初のプロセスや，子どものセクシュアリティと自分の信仰や考え方とに折り合いをつける方法，子どもの外泊への対処など，いろいろな問題について取り上げています。カミングアウトのプロセスを経験した親子の話を聞き，その経験を，うまくいったものも，そうでないものも共有することができるでしょう。この本は，Q&A（質問とそれに対する回答）という形で書かれています。ですから，自分と関係のありそうなテーマを，いつでも好きなときに，すぐに見つけ出すことができます。最初のページから順番に読み通さなくても構いません（とはいえ，そうしたいと思ったなら，ぜひそうしてください！）。また，親

子で新たな経験をするたびに,読み返してみるのもいいでしょう。たった今求めた回答が,今から1年後には,まったく違う答えに変わっているかもしれません。それはすべて,プロセスの一部なのです。各章の終わりには「この章のまとめ」を用意しました。それぞれの経験や関心に従って,いろいろな形で活用してください。

　私たちからのアドバイスは,何組もの親子と話し合った経験に基づいていますが,もちろんその一つ一つを全部取り上げることは不可能です。ですから場合によっては,アドバイスが大いに役立つこともあるし,しっくり来ないこともあるでしょう。でも,それはそれでいいのです！この本は,プロセスの初めに抱く,難しい疑問に取り組み,自分の子どもや,家族や,大切な人たちとの対話を始めよう（そして続けていこう）としている人たちのために書きました。親子が一緒になって最初の一歩を踏み出すために,そしてこのプロセスをさらに探っていくために,この本を活用してください。巻末には,取り組みを続けていく上で役に立つ,いろいろな資料を載せました。

　自分の子どもをできる限り理解し,助けになり,支えてやりたいと心の底から願っている大勢の親がいます。この本を手にとったあなたは,間違いなくそういう親の一人です。この本を読んで,少しでもあなたの気持ちが落ち着きますように。そして対話を通じて,どんなことでも打ち明けられる,強い絆が生まれますように。この本は,自分の子どもと,セクシュアリティについて気軽に話し合えるようになってもらうこと,子どもがカミングアウトした直後（あるいはそれから数年後）に湧いてきた疑問への答えを示すこと,そして,子どもの側では自分に何が起こっているか,どんな経験をしているかを理解することを目的としています。

　私たち2人の考え方を理解してもらうために,私たちがそれぞれ自分の親にカミングアウトしたとき,どんなふうだったかをここで紹介したいと思います。

# カミングアウト

クリスティンの場合

　マッシュポテト，焼け過ぎのスタッフィング，抗生物質を打たれた七面鳥。アメリカ人なら誰でも知っている，感謝祭の定番料理だ。もちろんみなさんは，1998年11月26日に私の家にいたわけじゃない。でも，もしいたとしたら，ワインのせいでほろ酔い気分の母と，にこやかにおしゃべりを続ける父と，思春期前の不機嫌な妹と，17歳の私にも会うことができただろう。救世軍のリサイクル服を着た私は，自分がゲイであると両親に告げようとしているところだった。

　その前に，ちょっと状況説明を。ハイスクールの最上級生になるまで，私は自分のことをストレートの女の子だと思っていた。すごく仲の良い女の子の友だちがいて，リヴ・タイラーを心から崇拝していた。母は私のことをよく見ていて，「あなた，レズビアンなの」と何度聞かれたことか。そういうときの私の返事はいつも同じだった。「違うよ，ママ。いいから落ち着いて。もう，そんな質問やめてよね」。ところが1997年の秋のこと，私はある女の子と出会った。私たちは友だちになり，一緒に遊び回り，キスをした。その子とキスをするのがとても好きだった。キス以外のこともした。そんなことが2，3回もあって，ついにそのときがやってきた。「ああ，どうしよう。胃のあたりが痛くて，心臓が口から飛び出しそうだよ」という瞬間だ。私はこの子と恋に落ちたのだった。

　「どうしよう。私ってゲイだったんだ」というパニックのあと，母は正しかったのだと思うと同時にぞっとしたものだ。誰でも経験があると思うが，11歳から24歳までの年齢には，どんなことにせよ，親の方が正しいなんて口が裂けても言いたくないものだ。ほぼ1年間，自分がゲイだということは，何人かの親友を除いて誰にも打ち明けなかった。こ

うして私は，感謝祭のサプライズを迎えることになったのである。

妹がテーブルを立ったあと，私は，親戚の一人からもらった聖書について，あれこれケチをつけ始めた。「ここに出てくる神様って，ゲイを目の敵にしているみたい。そんなのって，ばか丸出しよ」。母は前に置かれた料理から顔を上げた。そして，私の剣幕にびっくりしたような目つきをしながら，いつものように「クリスティン。あなた，何か言いたいことがあるんじゃないの？」と尋ねた。そして……ついにそのときは来た。私はこぶしをぎゅっと握りしめ，10代の若者としては精一杯の勇気を振り絞って言った。「うん。ママとパパに知らせたいことがある。私はゲイだって」

父と母が最初に言った言葉は，今でも忘れない。「あなたはママとパパの娘だから，いつだってあなたのことを愛している」。そのことを私は，とてもありがたいことだと思った（もちろん，今でもそう思っている）。けれども，その最初の反応のあとで母は，自分の娘に対する愛情と，自分の中に深くしみ込んでいる信仰心とに，どうやって折り合いをつけていくかという長い旅を始めることになったのだ。最初の2，3年はとにかく大変だった。母とはことあるごとに言い争いをした。何度も母は泣き，私はそれ以上にわめき散らした。でも，そんな状態でも，私たちはお互いのことをとても大切に思っていた。

時が経つにつれて言い争いは収まり，話し合いへと変わっていった。母は私の恋人に会いたいと言い始めた。私たちはさらに話し合い，母は私にいろいろ質問もした。そうして，私の恋人を夕食に招くようになった。母と私とは，考え方は違っても，分かり合うための土台を築くことができた。

カミングアウトは，感謝祭のごちそうの最中に起こった出来事で終わるわけではない。そのあとも辛抱強くお互いを理解し，思いやる心を持つためのプロセスなのだ。人はそれぞれ違うものだ。だからこそ私たちは，お互いが心地よいと感じるものをできるだけ多く分かち合って，周囲の人たちがどう思おうと，ひたむきに，ありのままの相手を受け入れることが大切だ。

# カミングアウト

ダニエルの場合

　私が母にゲイであることを打ち明けたのは，リビングルームで一緒にジュエリーを作っているときだった。私は19歳。床に腰を下ろして，奇妙な緑色の石を太い釣り糸みたいなものに通しながら，「あのね，ママ。言いたいことがあるんだけど，私，付き合っている人がいるんだ……それで，相手は女の子なの」と言った。すると母はすぐさま「いいじゃない。エレンと同じね。エレンって最高よね！」と叫んだ。もちろん，エレンとは，コメディアンのエレン・デジェネレスのことだ。でも，母の反応はその程度で，あとは相手がどんな子なのか聞かれたり，ネックレスを作ってあげたらと勧められたりしただけだ。

　親たちにカミングアウトした直後は，たいていの人はほっとするものだと私は考えている。だから，これでするべきことは終わった，もうこれでいいんだと，一瞬はそう思った。ところが，それは間違いだった。それから2日しか経たないのに，母が涙ながらに私を呼び，どうか髪の毛を切ったり，ジャージ姿でうろついたりしないでと頼むのだ。ほかの人なら，母の無知に腹を立てるだけかもしれないが，私は恐ろしくなった。自分の姿かたちも生き方も変えるつもりはないと説明しようとした。けれども，それは大変なことだった。私はたった19歳で，今の自分がどんな人間なのか，これから数年でどんなふうに変わっていくのか，想像もつかなかったから。

　母が，私にドレスを着てほしいと言ったり，もう男の人とは付き合わないのだろうかと考えて不安になったりしなくなるまで何年もかかった。結婚する気はないのかと聞かれたときには，何を言っているのだろうと思った。もちろん私だって，結婚願望はある。ただその相手が男性ではないというだけのことだ（それは本当の結婚ではないというのが母の言い分なの

だろうけど）。子どもはほしくないのかとも聞かれた（もちろん，ほしいに決まっている）。「普通の暮らし」をするつもりはないのかとも聞かれた。母から質問されるたびに，私はわけが分からなくなった。いやな気持ちになったし，途方に暮れて，傷つきもした。私は，「ママは正しいことを言っているんだ。普通の女の子として，幸せになろうとしないなんてどうかしているのかもしれない。わざわざ面倒な生き方を選ぶなんて」とも考えた。

　こんな経験をしたことも，この本を書こうと思うきっかけになった。自分の言葉に娘がどんな影響を受けるか，母が気づいていてくれたなら，話はもっと違っていただろう。「どうして家族がほしくないの？」と聞かれたときにどんな気持ちになるか，母は分かっていただろうか。私たちが話し合うようなときに，こういう本があれば役に立っただろうと思う。そして今でも，お互いをもっと身近に感じられるだろうに。

　結局，友人や，ほかの家族がとりなしてくれたおかげで，母の考えは母だけのものであり，現実の私がそこに映し出されているわけではないこと，これまでも，これからも，ありのままの私でいれば幸せを感じられるということを理解できた。その上で私は，自分とはどんな人間か，将来どんな人間になりたいかを探す旅を続けなればならなかった。もし母が私と話し合うための術を知っていたなら，きっとこの旅はもっと早く，楽に歩めただろう。

# 私たちは「ゲイ」という言葉を
こう使っています

　人のアイデンティティというのは複雑なものです。それを言葉で表すには，大きな注意が必要です。
　自分自身や，自分のアイデンティティやセクシュアリティを理解するための言葉は，星の数ほどあります。セクシュアリティに関して言えば，ゲイ，レズビアン，バイセクシュアル，パンセクシュアルなどの言葉が使われます。また，ジェンダーを表現するのに，トランスジェンダー，ジェンダークィア，ジェンダー・ノンコンフォーミング（訳注：自己認識の性が従来の性に当てはまらないこと）などの言葉が用いられます（191ページからの用語集に，こうした言葉をまとめておきました）。自分の子どもが，これらさまざまなアイデンティティの変化形の一つとしてカミングアウトしたという親たちのために本を書くにあたり，私たちはいくつか難しい決定を下さなければなりませんでした。まず，一冊の本を通じて，こうしたアイデンティティの分類を網羅しようとしたら（当然無理ですが）一体全体どうなるだろうか。子どもたちがセクシュアリティやジェンダー・アイデンティティに疑問を持つという経験は，それぞれが似ていることもあるし，まったく違っていることもあります。ですから，私たちの回答を，全部のアイデンティティに当てはめようとするのはどだい不可能なことです。たとえば，「うちの子は普通の人と違って見られるようになるのか」といった心配は，さまざまな経験にあてはまるものですが，「結婚は男女でするのが当然だと思う」という心情は，はるかに具体的なものだと言えます。
　そんなことを考慮しながら，私たちはセクシュアリティに絞り込んで本を書こうということにしました。あらかじめ断っておきますが，第一にこの本は，セクシュアリティに疑問を抱いた子どもを持つ親，あるい

は，子どもから，ゲイや，レズビアンや，バイセクシュアルや，パンセクシュアルであると（セクシャル・アイデンティティを表す言葉はほかにも無数にありますが）カミングアウトされた親のために書かれています。とはいえLGBTQの若者たち（今の若者も，昔の若者も）と一緒に何年も過ごしてきて，セクシュアリティとジェンダー・アイデンティティというものが，とても複雑で，ひどく入り組んでいることを思い知らされました。ジェンダーに関する章では，自分のジェンダーに疑問を抱くことや，クェスチョニング（自分のセクシュアリティやジェンダーの決定に迷っている状態）のさなかにある子どもを持つ親であることについて，簡単に触れています。このテーマについては，自分の子どものアイデンティとは関係なく，第7章を読むことをお勧めします。私たちは誰でもジェンダーを持っています。それは，自分の子どもに直接影響するものでなくても，私たちにとってとても関係の深い，重要な問題なのです。自分の子どもが真剣にジェンダーに疑問を持っているというのでしたら，第7章の最初には，それがどういうことを意味するのかもっと理解するための手がかりが書かれています。そして，こうした経験にテーマを絞ったリソースを探してみることをお勧めします。第7章のQ&Aでは，セクシュアリティに限らず，さまざまな経験について取り上げています。

　セクシュアリティを中心にした本にしようと決めたあと，残ったのが言葉に関する問題でした。アイデンティティに関するカテゴリーや，アイデンティティを表すための言葉は，使う人によって意味合いが変わってくるものです。たとえば，「レズビアン」という言葉は人によってまったく違う意味で使われているかもしれません。言葉の使い方には，大きな注意を払わなければなりません。そして私たちは，この本の大部分を通じて，子どもたち（もちろん，どんな人でも）が自分のセクシュアル・アイデンティティを表すのに使っている，本当に数多くの，さまざまな言葉を一つにまとめて，「ゲイ」という言葉を選ぶことにしました。

日本語版訳者から
# LGBTQに関する用語について

金成 希

　この本を翻訳するにあたり，多くの用語をカタカナのままとしました。これはLGBTQに関する用語に対して，ぴたりと当てはまる日本語がまだ定まっていないという事情によります。たとえば，「Gender Identity」の語一つをとっても，その日本語訳には「性同一性」「性自認」「性の自己意識」「性の自己認知」など，いくつかの語句が当てられています。また，これらの言葉が十分に熟していないために，意味がよく分からなかったり，誤って理解されたりする可能性もあります。そこで，この本ではLGBTQに関する代表的な用語はカタカナのままとし，その代わりに，これらカタカナの用語がどういう意味で使われているかを，ここにまとめておくことにしました。

　まず「ジェンダー・アイデンティティ（または単にアイデンティティ）」について。人は誰でも誕生したときに，生物学的な根拠から「性別」を決められます。そして，その性別に応じて，社会が「こうあるべき」と期待するものが「ジェンダー」です。たとえば，性別が男として生まれた子にはズボンをはかせ，泥だらけになって遊び，時にはとっくみ合いのけんかをするのも当然とする。そういう期待がジェンダーです。ジェンダー・アイデンティティとは，ある人が自分自身のジェンダーを，生物学的な性別とは関係なく，どのように認識しているかという意味の言葉です。ですから，ジェンダー・アイデンティティというときには，性別とジェンダーとが一致する場合もあるし，そうではない場合もあるという点に注意しなければなりません。自分のジェンダーは割り当てられた性別とは完全に一致していないと認識している人を総称して「ジェンダークィア」と言います。男か女かという二者択一のジェンダーには当

19

てはまらない人の総称と言い換えることができるでしょう。

　自分の性別ではなく，ジェンダー・アイデンティティに従って生活している人を「トランスジェンダー」と呼びます。そして，トランスジェンダーの人が，生まれたときの性別を変えようとすることを「トランジション」と言います。トランジションの方法には，性別適合手術によって体を変化させるものと，自分のジェンダー・アイデンティティを親やきょうだいや友人など周囲の人に打ち明ける「カミングアウト」をして，服装，髪形，名前などを変えるものとがあります。

　「セクシュアリティ」とは，性別，ジェンダー，ジェンダー・アイデンティティなどさまざまな要素を含んだ，幅広い意味で使われている言葉ですが，この本では，主に「どの性別の人に性的魅力を感じるか」という意味で使われています。また「ゲイ」は，日本では普通は男性の同性愛者，つまり男性に対して性的魅力を感じる男性を指す言葉として使われますが，この本では同性愛者だけではなく，さまざまなジェンダー・アイデンティティを代表する言葉として用いられています。

　ゲイも含むLGBTQである人が自分のジェンダー・アイデンティティに対して誇りを持つこと，あるいはそのアイデンティティを祝うことを「プライド」という言葉で呼んでいます。

　日本でもLGBTQという言葉や概念が少しずつ定着してきました。マイノリティという見方で片付けるのではなく，多様性をもつ人格を互いに認め合う方向に進んでいると思います。まさに日進月歩の速さで，理解が深まっていくことを願っています。

# 第1章

# 子どもの
# カミングアウト

子どもはいろいろな方法で，親にカミングアウトをします。夕食の時間に打ち明ける，手紙に書く，携帯電話のメールで伝える，ウクレレで「私はゲイ」なんて歌を作曲することもあります。偶然にカミングアウトの瞬間が訪れることもあれば，何カ月も何年も考えた末にカミングアウトすることもあります。涙に始まり，笑っておしまい（あるいは，さらに涙）ということもあれば，うなずき合って，しっかりとハグということもあります。家族のあり方はそれぞれですから，それがどんな経験になるのか，たった一つの形にまとめることはできません。ただカミングアウトとは，一瞬の間に限定されるものではないという点は共通しています。確かに，「ママ。僕，ゲイなんだ」と告げられたり，自分の息子が男友だちに向かって「えくぼがかわいいね」と言っているのを小耳にはさんだりすることがあるでしょうが，カミングアウトというのは，そこから始まるプロセスそのもの，親子にとっての継続的で容易ではないプロセスなのです。

　そのことが分かっていれば，始まりの瞬間から親として，完璧に対処しなければならないという重圧から解放されることでしょう。子どもからカミングアウトされたとき，あるいは，そろそろ，いずれはカミングアウトされそうだと思ったとき，親は何でも分かっていると期待されているわけではないということを思い出してください。カミングアウトのプロセスは，親子のどちらにとっても，何かを学ぶための，すばらしい経験となるだろうし，そうあるべきなのです。物事が思った通りに運ばなくても，焦らないでください。誰にとっても未知の領域なのですから。

**Q. うちの子からカミングアウトされました。子どものために何をしてやればいいのでしょうか？　助けてください！**

　　　クリスティンより

　父にカミングアウトをしてから2，3日経つと，父は，娘の私に「なあ，グウェン・ステファニーって，結構いいと思わないか？」と言いだしまし

た。それを聞いた私は，すぐに顔が真っ赤になり，溶けてしまいそうなほど体が熱くなりました。もう誰にも，話なんかしないですむように，カーペットの下にもぐりこみたいとまで思いました。父とかわいい女の子の話をするなんて，その頃にはまだ心の準備ができていなかったので，何だか気まずくなったものです。ところがしばらく経ってみると，ありのままの自分でいることがだんだん心地よくなってきました。そのときのやりとりが，違った意味を持ち始めたのです。父はただ，私と話すきっかけがほしかったのですね。そして，「父と娘との絆」を深めるために，人気スターの話題を選んだのだと思うと笑ってしまいました。この話は，親たちにカミングアウトすることを考えてはパニックに襲われるような人には必ず，笑い話として紹介しています。

A. 大事なのは，どうすればいいか分からなくても，まったく問題はないということです。カミングアウトは，子どもだけではなく，親であるあなたにとっても，旅の始まりなのです。それまでには思いもよらなかった，いろいろな疑問が突然湧いてくることでしょう。ゲイの子どもを持つとはどういうことなのだろう？　子どもの将来の幸せは？　自分の両親だってどう思う？　自分はもう孫を抱くことはできないのか？　このような最初に抱く疑問については，第2章，第3章，第4章で詳しく取り上げていくことにします。成長とか変化とかを経験するときには，たとえ心構えができていても，ぎこちない，居心地の悪くなるような瞬間はやってくるものなのです。10代の子どもを持つと，何の苦もなく導いてやれるとは限らない，さまざまな問題と向き合うことになります。セクシュアリティとか，デートとか，アイデンティティとかの話題も，最初の数回はなかなか話しづらいことがあるだろうと思います。こうした会話は，自分の子どもがゲイだということになったら，ますます避けたくなってきます。けれどもここで大切なのは，気まずい思いをするのは，ごく普通の反応だということです。自分の娘の女友だちを「特別な人」と口を滑らせたり，息子にウィンクしながら，「あの男の人，いい

じゃないの」と言ったら，それが実は科学の先生だったということがあったりするかもしれません。けれどもこんな出来事も，クリスティンに起こった「グウェン・ステファニー事件」と同じように，あとになってみれば笑い話になるでしょう。

　さて，ぎこちない瞬間が必ずしも家族にとっての転機となるわけではありませんが，ここで大切なのは，言うべきでないことを言うべきでないときに言ってしまうかもしれない，と気に病むことはないということです。あなたはこれまで，ただの一度もゲイの子どもの親だったことはなかったのです。つまり，まったく未経験の出来事に遭遇しているのです。親として，生後3カ月の赤ちゃんの世話をすることだって，幼稚園に入る子どもの面倒をみることだって，初めてのダンスパーティのためにアドバイスをしてやることだって，そのときがやってくるまでは経験していなかったはずです。親であるということは，初めての経験の積み重ねであり，時にはつまずくことも，くじけることもあるでしょう。また親であるということは，変化をしながら成長し，経験から学ぶということでもあります。困ったり，腹が立ったりしたときでも，あるいは，ゲイの人気スターの名前と，キャンプのときに娘と一緒だった子の名前とがごっちゃになって笑われたときでも，あなたは間違ったことをしていないと心に留めておいてください。あなたたち親子は，これからも発展し続ける関係を，2人で築いていくのです。

　子どもとの対話で，まずはぎこちない瞬間を克服することが重要です。その次には，この新しい状況で，思い切って子どもに話しかけてみてください。カミングアウトする前には「誰々が好きなんでしょ」と言ったり，「歯医者に行くのに水玉模様の蝶ネクタイなんて」とからかったりするような間柄だったら，その関係を保っていくことが大切です！　自分の息子がほかの男の子を好きになったと知ったとして，以前からそういう声のかけ方をしていたというのなら，「で，ジョンテ子は，ただの友だち？　それとも『お・と・も・だ・ち』？」と言って，ひじでわき腹のあたりをこづいてやっても全然構わないのです。気まずいかもしれませんが，ここで伝えようとしているのは，何があってもあなたが自分

の子どものことを大切に思っていること，そして，思ってもみなかった相手とつき合うようになったことで親子の関係が変わるかもしれないと，心配しないでいいということです。あなたたち親子が，あまりはっきりとものを言い合うような関係でないのなら，いつもと違った態度をとらなければという重圧を感じることはありません。子どもとしては，親には変わらずに接してほしいのです。子どものセクシュアリティによって，親子の交流の根本的なあり方に影響が及ぶことはありません。

　あなたの子どもは，カミングアウトしたあとでも，考え方や感じ方は変わってはいないのだ，ということを忘れないでください。もちろん，子どもたちが自分のアイデンティティを心地よいと感じることで，興味の対象が変化することはあるでしょう。でも，着る物や，聴く音楽や，行動が変わったからといって，何年間も愛情を注いできた自分の子どもであるという事実が帳消しになることはないのです。もっと余裕をもって，自分を見つめ直し，手探りでも前に進み，自分の意に反して場違いなことを言うのではないかと恐れたりしないでください。変化に対して適応しようとしているのですから，努力してコミュニケーションをとるようにすればするほど，すんなり適応していけるでしょう。この旅をどうやって始めたらいいのか分からないという人は，クリスティンの方法を拝借して，自分の子どもに，「（ここに人気スターの名前を入れてください）をどう思う？」と聞いてみるのもいいですね。

### Q. 偶然，自分の子どもがゲイであると知ってしまいました。どうすればいいでしょう？

**A.** 自分の子どもがゲイであると偶然知ってしまったというのは，誕生日の2日前に自分へのプレゼントを見つけてしまったのと似ています。「知ってしまった」と「知るはずじゃなかった」との間で板挟みになった状態です。親たちはたいていうろたえてしまい，カミングアウトしようと決心した子どもたちの気持ちを傷つけないように，鏡の前で「えっ，

そうだったの？」という表情を練習しかねません。子どものセクシュアリティと，誕生日のプレゼントとは，もちろん違いますが，まだ自分が手に入れていないものが何か知ってしまったときの感情をコントロールするのは，いつでも面倒なことです。情報に圧倒されて，どうすればいいか分からなくなるかもしれません。間違った接し方をして子どもを追い詰めないようにと悩むこともあるでしょう。子どもが自分に隠しごとをしていたと傷つくこともあります。自分が子どもにしたことが原因で，話したくないと思わせてしまうのではなどと考えるかもしれません。

　こうした情報に押しつぶされそうになっているのなら，ちょっと深呼吸をしてみてください。これは多くの親たちにとって，大きな錠剤を飲みこむようなもの。圧倒され，途方に暮れるというのは，よくあることなのです。重要なのは，ちょっと時間をとってその情報に向き合ってから，どうやって進むかを決めることです。人生で経験する多くのことと同様，衝動的な反応は，たとえ善意から行ったものだとしても，最善の反応であるとは限りません。

　そしてまた，あなたに秘密にしようと子どもが決めたのは，あなたの親としての能力とは関係がないということも知っておいてください。私たちは，子どもたちからたくさんの手紙を受け取っています。手紙には，今では親から理解され，受け入れられているけれども，自分のアイデンティティについて打ち明けるのにぴったりの言葉とタイミングを見つけるのに苦労したと書かれています。たいていの場合，このことは長い時間をかけてはっきり「悟る」というものではありません。だからこそ，アイデンティティについて話す勇気を奮い起こすのは難しいのです。どんなことを知って先に進んでいくとしても，この「秘密」は子どもたちの旅の一部にすぎず，あなたが取り返しのつかないミスを犯したわけではないと信じるようにしてください。

　次のステップは，子どもとの関係によって左右されます。あなたが偶然知ったことは，子どもはとても話したがっているけれど，その方法が分からないという内容のことだったでしょう。多分電話での会話を小耳にはさんだり，友だちあてのメモを見たりして，自分のセクシュアリ

ティについて親に打ち明けるのをこわがっていると知ったのだと思います。もしそうなら，あなたはドアを開けて，偶然知ってしまったことを正直に子どもに告げてもいいのです。

### 子どもに直接話をすると決めた場合

- こそこそかぎ回っていたわけではないことを理解してもらいましょう。信頼関係を維持することが重要です。
- あなたが愛し，支えているということを，これくらいは必要だと感じるまで，何度でも子どもに言ってやりましょう。
- 「気にしないで」とか「大したことではない」とかいう言い方はしないでください。子どもにとっては一大事なのですから。たとえこの情報を知ったあなたが動じたりせず，まったく平気でいられるとしても，子どもとしては良い意味で親から気にしてほしいと思うものです。
- 子どもが本能的な反応を示しても気にしないでください。多分最初は腹を立てたり，この特別な話し合いをもうしたくないと言ったりするでしょう。この時点で，子どもの側で話をする心構えができていないのなら，これ以上の詮索はしないと伝えることです。そして，話したくなったらいつでも話せばいいと，言ってやりましょう。

けれども，あなたが偶然知ったことは，子どもが自分のセクシュアリティにあまり確信が持てないとか，そのような話をする心構えができていないとかいう内容かもしれません。親友へのラブレターを見たり，ブログの中に，何だか今までにない気持ちがしているという投稿を発見したというなら，その情報はあなたの頭の片隅に置いておき，子どもの方から直接話しにくるのを待つのが一番でしょう。子どもが，セクシュアリティについて，明快に話せるくらい理解できるまで，つまり，子どもの方で準備が整うまでの余裕を与えてやるのが大切です。その間にあなたも，最終的な話し合いのために準備をしておくとよいでしょう。

### 子どもから打ち明けられるのを待つと決めた場合

●自分の感情のはけ口を持つようにしてください

　あなたが知ったことを，誰彼となく近所の人をつかまえては話すというのはだめですが，信頼できる，1人か2人の友だちになら打ち明けても構いません。ただ，信頼できる人たちでも，あなたの子どもにその準備ができるまでは，知らないことにしておいてほしいと念を押してください。

●子どものプライバシーは尊重し続けましょう

　たまたま何かを知ってしまったときには，そのことに対して関心をかき立てられ，もっと知りたいと思うのが普通です。難しいことかもしれませんが，プライバシーを尊重し続けることは，親子で前に進んでいくための力を高めてくれるはずです。

●支えとなることを示すヒントをそれとなく与えてやりましょう

　そうすることが，子どもが安心感を覚え，自分のアイデンティティについて打ち明けやすくなる環境作りになります。だからといって，いきなりエルトン・ジョンのポスターをダイニングテーブルに置いておくということではなくて，人権とか，時事問題とかについて気軽に話せるようにするのです。

●子どもの方から打ち明けてきたときには正直でいてください

　何も知らないふりをすることはありません。あなたが名優でもない限り，この話を初めて耳にするのではないという事実に子どもは気づくでしょうから。そのときは，子どもがゲイであるらしいと偶然に知ってしまったこと，そして，子どもの方から切り出せるようになるまで時間を与えたかったことを説明してやります。

●この本を読んでください

　さすがですね。あなたはもう先を行っています。


　たいていの場合，カミングアウトするまでのプロセスは，子どもの複雑なアイデンティティをはっきりとさせ，確かなものにしていくのに役立つものです。カミングアウトのプロセスは，一言で言ってしまえば，

プロセスそのものなのです。すぐに子どもに声をかける場合でも，子どもの方から話しにくるのを待つ場合でも，何が起こるか「予想する」ことはできません。けれども，それが普通です。カミングアウトは，こうなるだろうと予想することはできません。そして，話し合う2人のどちらにとっても，そのための準備をしておくことは難しいのです。あなたがどんな決断をするにしても，それによって自分の考え方，自分の疑問，自分の感情と向き合うチャンスが得られるのだということなのです。

---

子どもの側から　　　　　　　　　　　　　　　　　シェリー（19歳）

## 新年の誓い，家族にカミングアウトすること

　私は17歳の頃から少しずつ友だちにカミングアウトしていました。でも，家族にとなると話は別です。パパはよく，「お前が大人になって，ステキなボーイフレンドができたときには……」と言っていましたが，その言葉を聞くと，本当にいたたまれない気持ちになりました。だって私は，嘘をついていたんですから。この世で最低の嘘つきです。それで大晦日の晩に，私は新年の誓いを立てました。次の年には必ず家族にカミングアウトをしようって。もう少しで言えそうになり「今日こそは必ず！」と，自分自身にも言い聞かせてきました。けれども，どうしても言葉が出てこないのです。家族はきっと受け入れてくれるだろうとは分かっていました。私たちきょうだいにもし好きな人ができたら，相手がどんな人でも気にしないよ，とずっと言われていたからです。だから，どうして言えないのか，自分でもわけが分かりませんでした。

　なお悪いことに，今まではセレブにあこがれていただけだったのが，突然，知り合いの女の人が好きになってしまったのです。その人とはずっとおしゃべりしていたいと思うようになりました。夕食をとりながら一日の出来事を話しているときに，その人のことも口

にしました。その人が私に興味を持ってくれないので，ママからアドバイスがほしいと思うようになりました。ママは，きょうだいの恋愛についての相談に乗ってくれていたからです。でも，やっぱりだめでした。いよいよ「私はゲイなの」と言わなくてはならないからです。

　1年がどんどん過ぎていき，私は不安になってきました。このままでは新年の誓いを破ることになってしまう。誓いを破るのは，私にとって毎度のことですが，この誓いだけは絶対に成し遂げたいと思っていました。それができなかったら，私は自分のことを許せないでしょう。でも12月が来て，私はパニックに陥りました。残りは何週間もなくなり，私はカミングアウト宣言のために，大がかりで綿密な計画を立てました。自分がいやな気分になるような言葉は使わないというルールを決め，パワーポイントでスライドを作りました。それが完成すると，自分の引き出しにしまっておいて，宣言するタイミングを毎日考えていました。それなのに，いざというと言葉にできなくなるのです。

　そうこうするうちに大晦日がやって来ました。残された時間はあと12時間。それが過ぎれば，私は誓いを破ることになる。けれどもその日一日，両親と話をするのがこんなに大変なことだとは思いませんでした。涙が出てきて，そのたびに，心の中では「言わなきゃ，言わなきゃ」と繰り返しながら，夕方になっても私はテレビの前に座っていました。番組が次々と終わり，あと1時間で新年になろうとしているのに，あいかわらず何もできなかったのです。

　私はあわてて自分のパソコンを広げ，キーボードを叩き始めました。「私が，どんな人のことを好きになったかを教えます。でも，私のことをからかったりしないと約束してね」。打ち終わってから，しばらくそのままでいました。口の中がからからになり，今までにないくらいに，汗が噴き出してきました。大晦日が終わるまであと10分しかありません。もうだめかもしれない。それでもどうにか，「テレビを消して」と両親に頼みました。私がノートパソコンを手

渡すと，ママはにっこりとしながら私を見て，「それで，どんな人が好きになったの？」と聞きます。私は，家族みんなが大好きなテレビ番組に出てくる女優3人の名前をさっと小声で伝えると，ママはすぐに「そうでしょうとも。ママたちは前から分かっていましたよ」と言い，パパは，私のことを誇りに思うと言いました。そして私たちは，2階に上がってニューイヤーの花火を眺めたのです。

　家族にカミングアウトしてからは，ちょっと落ち着かない気分になりました。自分の気持ちを認められずにいたのです。私が誰々を好きになったと言うと，ママはくすくす笑います。前にはそんなことはなかったのですが。それでも結局は，家族全員が適応してくれました。誰が好きだとか，どんな「タイプ」が好みだとかを一緒に話し合い，ママは，私のきょうだいにしているのと同じように，私にもアドバイスをくれます。

## Q. 自分の子どもがゲイではないかという気がします。けれども，カミングアウトはされていません。こちらから聞いた方がいいのでしょうか？

**ダニエルより**

　私は15歳のとき，暇さえあれば，ブリトニー・スピアーズのグッズを山ほど集めていました。ある日の午後，母がやって来て，私の肩越しにブリトニーの写真をのぞきこむと，きつい南部なまりで「だーにえーる，あなたゲイなの？」と言ったのです。さて，私がブリトニー・スピアーズに対して，歌手としての才能以外に強く引かれるものがあったとしたら，母の質問は，大いに会話のきっかけになっていたかもしれません。けれども，母が一体何の話をしたがっていたのか，見当もつかなかったのです。そのとき，私はゲイではなかったのですから！　私は同じ学校に通う男の子が好きでたまらなくて，私のことに興味を持ってくれないことで，

毎日のように落ち込んでいました。だからそのときには，どうして母が，ブリトニーとゲイとを結びつけたのか理解できませんでした。けれども，このやりとりがあってから4年が経ち，ようやく私は，女性に引かれていることに気がつくようになったのです。

A. あなたは親として，自分の子どもに対して直感が働くことがあるでしょう。そしてまた，行動の変化に気づいたり，インターネットへの書き込みを見かけたり，仲良しの友だちとの関係にやきもきしたりすることもあるでしょう。あなたの考えが正しいこともあれば，間違っていることもあります。たとえ正しかったとしても，子どものプロセスよりもずっと先回りしているかもしれません。さらに言えば，子どもにゲイかどうかを尋ねたり，そうほのめかすようなことを言ったりすると，たとえそんなつもりはなかったとしても，子どもたちは自分のことを決めつけて，細かく調べられたり，ほかの人とは「違っている」と見られたりしていると感じます。

カミングアウトのプロセスでは，自分のアイデンティティを身近な人に，自分の言葉で伝える能力を持つことも重要です。子どもが，自分自身のアイデンティティにとても安心していて，心地よいと感じているときに，話しかけてくるようにさせるのが最善の策です。ダニエルの母親の考えは当たっていましたが，その質問によってダニエルは，周りの人たちみんなから，ゲイだと思われているのではないかと不安になりました。またダニエルは，どうして母親がいきなりそんな結論にたどり着いたのかと考えるうちに，自分の行動をいちいち気にするようになってしまいました。質問のしかたがどんなに穏やかなものであっても，また，支えになりたいという気持ちからのものであったとしても，「あなた，ほかの人とどこか違っているみたい」と言われたかのようにとらえてしまうのです。

また，子どもを誘導して，間接的に聞き出そうとするなら，慎重に行ってください。特定の1人の友人とどれくらい一緒にいるのか聞いた

ら，それはおとりの質問で，実はもっと重要なことを聞き出そうとしているのではないかと，考えるでしょう。あなたは人生経験も長いでしょうから，魅力とかセクシュアリティとかいうことに初めて興味を持って，それがどんなことか分かったときに，自身が混乱した経験を覚えているでしょう。あなたには明らかと思えることでも，子どもがそれを理解するまでにはずいぶん長い時間がかかるかもしれません。混乱している自分を何とかしようとしていたり，その混乱をいつ，どうやって打ち明けようかと悩んでいたりするときに，あなたからのあからさまなヒントを感じ取ったら，子どもは腹を立てたり，プレッシャーを感じたり，ますます混乱したりするかもしれません。

　17歳で家族にカミングアウトしたギブソンは，両親からゲイかどうか尋ねられたら，気楽にカミングアウトできるだろうと思っていました。そうしたら，自分から話を持ちかける気まずさを避けられるだろうという計画です。ところが，いざ両親からゲイかどうかを質問されると，ギブソンはつい否定してしまいました。「結局，自分がゲイだということをますます両親に打ち明けられなくなっていました」とギブソンは言います。「自分のセクシュアリティについてはっきり説明すればいいのに，見え透いた嘘をついてしまったのです」。子どもに質問したために，パニックを引き起こしてしまうことはよくあります。たとえあなたに，子どもを支えてやろうという思いやりの気持ちがあったとしても，です。その瞬間，子どもは凍りつき，あなたが聞きたがっているような返事をします。そしてそのせいで，子どもの置かれた状況は一層厄介なことになるのです。

　もしあなたの子どもがゲイかもしれないのなら，子どもが安心して受け入れてもらえたと思えるような環境を作ってやることが一番です。もしゲイだったなら，自分のアイデンティティをもっとよく理解できたときに，あなたとその話を始められる勇気を与えることになるでしょう。家で時事問題について話し合うとき，平等は大切だと思うと言ってやりましょう。あなたの子どもが学校では人とどんなふうに接しているか聞

いてください。自分とは「違う」人に対してひどい扱いをする人間には共感できないと言ってください。自分がゲイでなくとも，また，ゲイの子どもを持たなくとも，人間は平等で，あらゆる人に敬意を払うべきだと主張することはできます。ゲイとは別の問題について対話をすればするほど，あなたの子どもは，ありのままの自分を受け入れてくれる，愛情あふれる親がついているのだと理解するでしょう。子どもは安心感を覚え，自分のアイデンティティをさらに深く探っていき，心構えができたときには，自分の気持ちを伝えるためにあなたのところにやってくるでしょう。

---

親の側から　　　　　　　　　　　　　　　　　　セルジオ（51歳）

## 息子がカミングアウトしたときのことは決して忘れません

去年の10月，息子のダンが私たち夫婦に，自分はゲイだと打ち明けました。日にちまではっきり覚えています。あれは10月1日のことでした。その日の夕食はスパゲティ・ミートボールでしたが，それ以来，うちではスパゲティ・ミートボールは口にしていません。というのは冗談ですが。ダンは，「母さんと父さんに話したいことがあるんだ。もう気づいているかもしれないけど，ぼくはゲイなんだ」と言いました。そのあと私たちは，世の親たちが聞いてはいけない質問をしてしまったのです。「本気で言っているのか？」

私には本当に驚きでしたから。心の準備がまったくできていなかったのです。私にはゲイの友人や部下が何人かいるので，そういう人たちを，ほかとは違うという目で見ることはありません。ところが，いざ我が家で起こってみると途方に暮れてしまいました。ショック状態です。2日も泣き暮らしました。ダンがどんな経験をしているのかと思うと，苦しくて涙が止まらなかったのです。でも

ダンを観察すると，前と変わらない，賢くて，幸せそうな息子のままだと思えました。

　ダンは，私たちにカミングアウトしたら，家から追い出されるものだと思っていたそうです。もう自分のことは愛してくれず，すべてが一変してしまうだろうと。だから，私たちがそんな反応をしなかったことに，驚いたようです。私たちは「どんなことがあってもお前のことを愛している。私たちの子なのだから」と言ってやりました。そして妻はまず，心理学者の友人に電話をしました。この友人はダンのことを幼い頃から知っています。「ダンがカミングアウトしたんだけど，私たち，どうすればいい？　これからどうなるの？」

　私はと言うと，友人たちが支えてくれたおかげで，落ち着きを取り戻すことができました。ごく親しい，2人の友人にダンのことを打ち明けました。妻のほかにもこのことを知ってもらった方がいいと考えたのです。友人はきっぱりと言いました。「それがなんだっていうんだ。ダンはダンだろ？　前と変わらない思いやりのある子じゃないか」。みるみる力が湧いてきました。それからもっと多くの人に話を聞いてもらいましたが，誰もが「おい，セルジオ。僕にはちゃんと分かっている。ダンはとってもいい子だ」と言ってくれました。無知な人，心の狭い人は確かにいるものです。けれども私たちは，大勢の思いやりのある人々と暮らしています。ダンのことがあって，私はそのことを知りました。

　ダンがカミングアウトした翌週に，私はセラピストのところに行って，この状況を話しました。するとセラピストは，「セルジオさん，あなたのしていることにまったく問題はありません。あなたは子ども思いの父親です」とはっきり言ってくれました。私にとって大きな意味のある言葉でした。

　ダンがカミングアウトをしてから感じてきたすべてのことを，時間をかけて整理してみて，私は今，感謝の気持ちでいっぱいになっています。息子があの年で，思い切って私たちに打ち明けてくれた

その賢明さに、そして、息子が成長するにつれて、もっとよく息子のことを理解できたことに感謝しています。

### Q. 子どもが学校でカミングアウトしたいと言っていますが、大丈夫なのでしょうか？

A. 私たちはこれまでに、社会の中で多くの経験を味わってきました。けれどもその過程で、多くの人がさまざまな属性、特にセクシュアリティに基づいて、不適切な扱いを受けていると感じています。テレビや雑誌で、学校やインターネット上で行われている生徒同士のいじめを特集した番組や記事を見かけたことがあるでしょう。それで、あなたの子どもがアイデンティティのせいでいじめの対象にされるのではないかと心配しているのだと思います。そういった恐れから、あなたが威圧的で、愚かで、芝居がかった人間になってしまうことはありません。むしろ、やさしく、思いやりのある、すばらしい親になれるのです。この恐れに対処する上で重要なことは、まず恐れと向き合い、何を恐れているのかを探り、それを堂々と口にすることです。これはあなたと、あなたの子どもとが対峙するようなシナリオであってはいけません。そうではなく、子どもとともに、心配や疑問について話し合っていくということです。

このときつらいのは、最終的には子どもが決めるという事実と向き合うことだと思います。秘密にしておいた方がいいと誰もが納得するとしても、あなたの子どもが友だちや学校の仲間に打ち明けようとするのに、口出しすることはできないのです。けれども、あなた自身がどう感じているかを言ってやり、子どもが自分の選択に従う前に、今の状況をあらゆる面から見つめ直すよう助言することは一向に差し支えありません。話しやすい雰囲気作りのために、「お前が学校でカミングアウトするというのが心配だ。ちょっと話をしよう。でも、最後にはお前が自分で決めることだ、そのときには必ず支えになるからね」と言っておくのがい

いでしょう。こうすることで子どもに，自分一人で物事を決めることを親が認めていると知らせてやるのです。尊重されていると分かれば，子どもは，あなたが言おうとしていることを，あれはしていい，これはだめと命令されていると思わずに，もっと耳を傾けるようになります。質問をすることは，ルールを作るよりもはるかに効果的です。話し合うことは，子どもが，自分では思いもよらなかった要因について考える手助けになります。また，あなたにとっても，子どもが通う学校の雰囲気をもっとよく知る機会になるでしょう。

### こんな質問をしてみるのはどうですか

- 学校でほかの子たちはどんな反応をすると思うか？
- ゲイだと知っている子はいるか？　その子たちはどう思っているか？
- 「ゲイ・ストレート・アライアンス（訳注：ゲイの学生とストレートの学生が協働するアメリカの団体）」のような，自分の経験を誰かに話すことができるクラブや集まりが学校にあるか？

　質問をすることで，学校でカミングアウトしたいと考えた理由を話してくれるかもしれません。子どもは，自分の関心について嘘をつき続けていて，プレッシャーを毎日のように感じているかもしれません。学校で，仲間になってくれるグループを見つけ，自分に対する支持が得られたことから，次のステップに進む準備が整ったのかもしれませんし，意識改革を目指して，街の活動家たちのコミュニティの先頭に立ちたいと考えたのかもしれません。そしてここから，物事をもっと広い視野からとらえていくようになっていくでしょう。

　質問をすることは，周囲の環境や雰囲気をよく知る助けとなりますが，子どもたちがより安心できる環境作りのために，自分から積極的に働きかけることもできるのです。学校でのいじめをなくすために，積極的に活動している組織は無数にあります。資料一覧（199ページ）に，そのような組織をまとめました。このような問題についての対話を促す手段がさらに見つかると思います。学校で映画を上映したり，カリキュラムを

実施したり，あなたが暮らすコミュニティの学生たちと会って，特定の問題についてミーティングを開いたり，方法はさまざまです。こうした資料について子どもと話し合い，学校での活動に親も参加してもらいたいと思っているかどうか聞いてみましょう。親たちも関心を持っていて，親の意見によって，学校の経営者や教師が，子どもたちの不安に目を向けるようになると分かれば，大喜びするでしょう。とはいうものの，そこまで積極的に動いてもらわなくとも，と思う子どももいるかもしれません。子どもの話を最後まで聞き，これならちょうどいいと思うところで，親子で打ち込める計画を立てていきましょう。

## Q. うちの子はまだ幼いのにゲイかもしれません。どうすればいいでしょう？

A. ゲイの子どもを持つ親には，「前から知っていた」と言う人が多くいます。どうして分かったのかを聞いてみると，子どもがおもちゃや着る物を選ぶときに気がついたという人や，ある特定の子の近くにいるときのふるまいに表れていたという人もいます。そしてたいていの親が，うまく言えないけれど，とにかく直感で分かったと言うのです。

けれども，行動や興味に基づいて結論を導き出そうとすると，混乱する場合があるので注意が必要です。ジェンダーや，ジェンダーとセクシュアリティとの関連性について十分に話し合おうとしても，あまりにも複雑にからみ合っているので，すぐに解きほぐすことは難しいのです（このことは，第7章で詳しく取り上げます）。ただこうした状況を踏まえた上で，この重要なトピックにも手短かに触れていくことにしましょう。幼い男の子が，人形遊びが好きだったとして，大人になってから，男性に興味を示すようになるか？　確かに，そういうことはあります。けれども，人形遊びが好きな男の子でも，女性に興味を持つことは多いのです。一方，ドレスが嫌いで，泥んこ遊びが好きな女の子でも，男性に興味を示します。見て分かるジェンダー表現と，性的魅力との組み合わせは，

数限りなく存在します。子どもの成長を目にしていて，特定のおもちゃや着る物に関心を示していても，その子の性的指向と結びついているとは限らないと覚えておいてください。

　理由はどうあれ，自分の子どもがゲイなのではないかというあなたの疑問は解消しないかもしれません。この疑問を解き明かしていく上で，（少なくとも）2人の人間，つまり，あなたとあなたの子どもとが関わっているということを忘れないでください。そのため，あなたは，自分のために解明すべきことと，子どものために解明したいこととの2つに直面するのです。

　自分のためにすべき方法では，自分の考えや疑問を誰かほかの人に聞いてもらうことが一番です。親になることにつきものの，ほかの多くのことと同様に，自分の経験について，信頼する人や大切に思っている人と話し合うことが，自分の感情をもっとよく理解することに役立ち，これから歩んでいく道を照らし出してくれることになるでしょう。あなたの子どものセクシュアリティにかかわらず，LGBTQの問題についてよく知ることで，子どもが将来疑問を抱いたときに，十分な答えができるようになります。それから，親たちのグループやLGBTQ団体などで参考になる話を聞くようにしてください。アメリカでは非営利組織PFLAG「レズビアンとゲイの親，家族，友人の会」が，アライ（訳注：自身はLGBTQではないがLGBTQを支援している人）の擁護団体として，また，LGBTQの人たちの家族や友人をつなぐ支援ネットワークとして活動をしています。支援団体や参考資料についてさらに情報を知りたいときには，資料一覧（199ページ）を参考にしてください。もしあなたの子どもが10年経ってもまったくのストレートで，あなたの見込みが的外れだとしたら，この最大のミスのおかげで，あなたが属しているのとは違うコミュニティに精通したことになるわけで，それはまたすばらしいことではないですか！

　あなたの子どもに関して，最も肝心なのは，サポートと，参加と，開かれた対話です。この章の前の方でも話しましたが，ゲイかどうか尋ねることは，その子が5歳であっても，15歳であっても，子どもを遠ざけ

てしまう原因になります。また，ゲイという言葉の意味をはっきりと理解していないような幼い子どもに，そんなあけすけな質問をしたら，ひどく混乱させてしまうかもしれません。ですから，自分の子どもと対峙するのではなくて，たとえ何があっても子どもには無条件の愛を注いでいることを伝え，支えになってやってください。

## こんなステップで進んでみては

① 世界中にはいろいろな家族がいるということを話し合ってください

あなたの家にはママとパパとがいるかもしれませんが，大切なことは，ママが１人という家もあれば，パパが２人という家もあるし，おじいちゃんとおばあちゃんや，里親という家だってあるのだと，いつも子どもに教えてやることです（このような考え方を具体的に示してくれる，すばらしい子ども向けの本を資料一覧にまとめておきました）。

② 説明は簡単にしましょう

幼い子どもにはゲイの話をしてはいけないとか，すべきではないとか言う人が数多くいます。そんな話をしても理解してもらえないし，セックスのことは知らなくともいいと言うのです。けれどもあなたの子どもは，自分くらいの年齢の男の子は女の子を好きになるものと知っているでしょう。とすれば，男の子が男の子を好きになったり，女の子が女の子を好きになったりすることもあると知って（そして，理解もできて）も，まったく不思議ではありません。子どもたちは，こうした情報を，肩をすくめたり，はてなと思ったりしながらも，ほかの情報とまったく同じように受け入れると思います。また，男の子が男の子に恋することもあると言ったとしても，そこからセックスの話に発展させなくともいいのです。

③ 着る物やおもちゃの選択は子どもに任せること

子どもにゲームやおもちゃを与えるときには，「男の子用」とか「女の子向き」とか，言うべきではないと思います。こうすることで，

自分のセクシュアリティに関係なく，私たちの誰にも当てはまらない，凝り固まったジェンダー構造が形作られます。そしてその結果，自分が楽しいと思うことが，本質的に間違った，悪いことであると思うようになるかもしれません。

④ 率直に伝えましょう

自分の子どもの好きなものを着せ，好きな遊びをさせることで，人と違っていると言われ周囲からからかわれることがあるでしょう。もしそんなことが起こったら，子どもには，自分と違っている人を好きになれない人間がいるのだと説明してやってください。そして，いつもあなたが支えているということを伝えてください。それから，子どもが感じていることを聞かせてもらい，親子でチームを組んで，経験を共有していきましょう。

このような単純なステップを踏むことで子どもたちには，ほかの親たちから「間違った」「悪い」ことをしていると思われることなく，じっくり考えたり，遊んだりすることのできるオープンな環境が築かれていくのです。子どもの幼いころの興味や行動は，たいていは変わるものです。子どもが成長してどんなふうになるかを具体的に知るのは難しいというのはそのためなのです。どんな子どもでも，成長段階のどこかで，魅力とかセクシュアリティとかいうことを理解するようになります。だからこそ，自分の欲求をきちんと表現し，好きなおもちゃで遊べる自由を与えてやることは，さまざまなアイデンティティに対する意識を促すのと同様に，子どもが自分自身のことをよりよく理解する助けとなるのです。

## この章のまとめ

＊

　あなたの子どもが，自分はゲイであると理解するようになったのは，ごく最近のことかもしれません。ですから，そのことを話すように促すと，子どもをおびえさせてしまうこともあります！辛抱強く構えて，子どもを支えてやってください。そうすることで，準備が整ったときには，子どもの方から安心して打ち明けてくれるでしょう。

＊

　家の雰囲気として，いつでも安心して，さまざまなアイデンティティを受け入れるような環境を作りましょう。

＊

　自分の親としてのスタイルをできる限り変えないでください。子どものセクシュアリティによって，親子の交流の根本的なあり方が変わってしまうことはないのですから。

＊

　子どもがおもちゃを選ぶとき，自己表現をしているかもしれません。好きなもので遊ばせましょう。世界は「女の子はピンク，男の子はブルー」と限定されているわけではないことを知らせてやりましょう。

# 第2章

# 親としての最初の反応

最初の「私はゲイ」宣言の騒ぎが落ち着くと，次々とたくさんの疑問が湧き上がってくることでしょう。あなたの子どもが差別されるかもしれないとか，結婚できなくなったとか，世界中のどこにも居場所がないと感じてしまうだろうとか，心配になってくることと思います。こうした心配は，子どもを持つ親なら，子どものセクシュアリティとは関係なくするものなのですが，この新しい状況下では，ますます容易でないことのように思われてくるでしょう。けれどもあなたには，こうした不安や疑問に対処する準備ができていること，それからあなたの周りには役に立つリソースがあることを知っておいてください。

　ためらわずに質問してください。多くの情報を集めるほど，こうした新しい環境で前に進んでいくのが楽になると思います。あなたの子どもや友人に質問し，本や，記事や，支援団体を探して，子どもと，このプロセスの全体像をさらに理解するために役立てましょう。時間をかけて，じっくりと考えてみてください。たった数週間や数カ月で，すべての答えが見つかるわけではありません。あなたが資料や答えを探し求めながらこの旅を始めようとしているということ自体，子どもをどれだけ愛しているか，そして，どれだけ子どものことを理解し，支えてやれるようになりたいと願っているかの証になるのです。

## Q. これは子どもの選択でしょうか？

**クリスティンより**

　私の場合，生まれながらにゲイだったという気はしませんね。それに，自分のセクシュアリティをはっきりと選んだという気もしていません。私は自分自身や，自分の魅力や関心について，さまざまな数多くの要因に基づいて理解するようになったと感じています。それはたとえば，私という人間に本来備わっていたものもあれば，私の周りの世界に存在していたものもありました。誰のことをいいなと思うか，誰と恋に落ちるかを選択していたわけではないと自分では分かっていますが，「やっぱり

ね」という気になったこともありません。私に分かっているのは，たった今選択しろと言われたら，この人生を，自分のセクシュアリティもひっくるめて選ぶだろうということです。私は自分の生き方が大好きだし，周囲の世界に対する見方も気に入っています。なぜなら，それは私と私の愛するものそのものだからです。誰もが自分のセクシュアリティについて，それぞれの方法で理解するようになると，私は思います。

A．「選択」したかどうかという観点から，セクシュアリティについて話そうとする場合，注意を要します。「選択」という言葉は，複雑な経験を説明するのには，極めて狭い意味しか持ちません。誰かが何かを「選んだ」と言うときは，たとえば，緑ではなくて，赤のシャツを選ぶとか，サラダではなくてフレンチフライを選ぶとか，分かりやすい文脈のときです。セクシュアリティとか魅力とかの経験を定義するのには，的確な方法だとは言えません。ここでちょっと，自分自身のセクシュアリティについて考えてみてください。自分は「ストレート」であると思っていても，それを意識的に選択したような気がするでしょうか？ ある日，目が覚めると，自分の前にさまざまな選択肢が用意されている。そして，「ストレートというのは，私の好みのアイデンティティのようだ。では，ストレートを選択しよう」というふうに。そして選択後突然，特定のジェンダーに魅力を感じていると気づいた？ そんなことはないでしょう。バケツに手を入れて何かのアイデンティティをつまみ上げたり，選択や決定をすることで自分の願望や関心が決まったりするような単純な話ではありません。それが「選択」ということなら，セクシュアリティは誰にも選択できないものだということは明らかです。しかしながら，あなたの質問に込められた意味をよく考えるのは重要なことです。人によっては，この質問は単なる好奇心だと言えます。セクシュアリティに関して，自分の経験しかないのに，なぜ自分がヘテロセクシュアルではないと理解するのか不思議に思うのでしょう。また別な人にとっては，「うちの子のここのところがこんなふうに変わってしまったのは私のせ

いなのだろうか？」とか「うちの子はゲイになることに決めたのか？」という疑問なのでしょう。

　経験そのものに対する好奇心が強い人のために言っておきますが，人にはそれぞれ，セクシュアリティとの個人的な関係があるものです。物心ついたときにはもう自分はゲイであると悟った人がいます。それは，自分のDNAでそのように感じていて，まさに文字通り「生まれながらにそうだった」という人です。また，ずいぶん年をとってから自分のセクシュアリティを理解するようになり，自分の願望や魅力の一部は，周りの世界との関わりによって決定されたと信じる人もいます。そのほかに，宙ぶらりんの状態にある人もいます。自分のアイデンティティのその部分は生まれつきだが，さまざまな経験や交流もまた自分の魅力を形作り，育んでくれたという人です。簡単に言ってしまえば，脳という複雑な迷宮を精査して，さまざまな願望がどのように方向づけされているのかを解明することはできないのです。その仕組みは一人一人違っているのですから。

　あなたの子どものセクシュアリティに関する経験を理解する唯一の方法は，直接尋ねてみることです。あなたの子どもは，3歳だった頃には気づいていたかもしれないし，今年になってようやく真剣に考えるようになったかもしれません。ただ，子どもが自分のことをどう理解しているかにかかわらず，その理解のしかたには根拠があって，現実的であり，真実のものなのです。

　一方，セクシュアリティは一度決まってしまったら，もうそれで変わることはないのかを知りたい人たちに対しては，「そんなことはない，そもそもあり得ません」と言っておきましょう。前にも述べましたが，セクシュアリティに関する自分の経験を思い出してみれば，それを理解するのがどんなに厄介で，面倒なことかが本当によく分かると思います。あなたの脳や心や体が周囲の人や世界と相互作用する方法を自分で変えることはできません。あなたの子どもも同じことです。性に関することでも何でも，自分の一部を否定しようとすれば，自分を孤立させ，傷つけることにもなります。自分の一部を拒絶しようとすれば，必ずその部

分は大きくなり，細心の注意を払ってやる必要が生じます。あなたの子どもは，あらゆる部分，あらゆる願望，あらゆる魅力まで含めて，あなたの子どものままで変わりはないのです。

## Q. 私がいけなかったのでしょうか？

A.「いけない」というのも，慎重に使いたい言葉です。「誰の責任か？」というような質問には，子どものセクシュアリティがそもそも間違っているという含みがあります。ですから，「私がいけなかったのでしょうか？」という質問について考える前に，まずは，そういう含みのない話し方や言い回しに変えてみましょう。この質問は自分自身やほかの誰かに責めを負わせようとするためのものではありません（少なくとも，そうすべきではありません）。むしろ，子どものセクシュアリティが，自分のものや，自分が考えていたものと違っているのはなぜかと悩んでいるあなたのための質問です。

個人のセクシュアリティを理解するプロセスは，誰にとっても難しいことなのです。そして，どんな瞬間にも，また単純な「決定」にも左右されることはありません。自分の魅力とか願望とかがどこから来ているのかを，一つにまとめて言うことは誰にもできません。正直に言えば，重なり合った層をはがしていった末に，そうだ，3歳の娘にバレエに通わなければだめだと言ったけれど，それでその子の将来のセクシュアリティが何となく決定され形作られたのだと分かった，として，そうやって得られた情報からあなたはどうしようというのでしょうか？ なぜ自分の子どもがゲイになったかが分かっても，それでもっと良い親になれるわけではありません。それよりも大切なことは，あなたの子どもを受け入れ，支えてやることではないでしょうか。

こうした疑問を手がかりにして対話を始めるのは，あなたが子どもに対して，自分は間違っているという気持ちにさせないように話ができるのであれば問題はありません。「私のせいでそんなふうになったの？」

とか,「私が何か間違ったことをしたから,そんなふうになったの？」とかいうようなことを言って,この話題に触れるのは禁物です。それよりも,前向きに会話を進めることです。たとえば,「あなたが自分のそういう部分について理解するようになったときのことを教えて。いつもそんなふうに感じていたのか,それとも,いろいろな経験をしてそうなったのか,どちらだと思う？」というふうに。あなたの子どもがこうした話題を率直に話せるようでしたら,子どもが自分のアイデンティティをどのように考えているかを,もっと知ることができるでしょう。このような会話を通じて,あなたが感じている一種の後ろめたさを解消できるかもしれません。もし子どもに,こうした質問に答える準備ができていないのなら,辛抱強く待ってやってください。やがて,もっとオープンな会話ができるようになるときがくるでしょう。ですから今のところは,子どもの人生のポジティブな面(セクシュアリティも含めて)に集中しましょう。そして,ほかの人の願望を作り出したり,決定したりできる人はいないということも忘れないでください。

## Q. これは一つの段階だと思っていいのでしょうか？

A. 私たちの多くは,生きていく上で,セクシュアリティも含めたさまざまなトピックに関してさまざまな段階を経験するものです。食べ物や音楽の好き嫌いが人生の中で変わっていくことがあるのと同じように,容姿とか,性格とか,関心とか,時には,ジェンダーとかのさまざまな要因に従って,どんな人に魅力を感じるか,なぜその人に魅力を感じるかということも変化するものなのです。私たちは変化し,成長するものです。だから,あなたの子どもも迷っているのかもしれませんし,今までになく確信を持っているということもあり得ます。子どものセクシュアリティは,一生を通じて変わらないこともあるし,変わったとしても,それで現在のアイデンティティがあいまいになるというわけではありません。どんな子どもでも,いや,人であれば誰でも,セクシュア

リティに関するそれぞれのストーリーを持っています。重要なのは，あなたの子どもはどんな人間なのか，そして，今何を感じているのかということです。あなたは親として，これまでの人生の中で，思いもよらない出来事をいくつも経験してきただろうと思います。同じことが，あなたの子どもにも起こるでしょう。未来を予測するのではなく，子どもの経験に合わせられるように，できる限り柔軟な態度を忘れないでください。

　Jは，16歳のときに両親にカミングアウトしました。そのとき母親は，Jのセクシュアリティについて，「それって，考えすぎじゃないの」とか「お前は混乱しているだけだよ」とか言ったそうです。Jはその言葉に頭に来て，ばかにされたようにも感じました。Jの言葉を借りましょう。「私は13歳くらいのときに自分のジェンダーに疑問を持つようになり，16歳までには他人に，自分はゲイだと話していました。そう確信していたからです。それが私のアイデンティティだからです」。あなたの子どものアイデンティティについて，時間が経っても変わらずにいるだろうかと疑問を持っているとしても，今を尊重してやることはできます。心の底では「そんなの本当じゃない」と叫び声を上げているとしても，アイデンティティのことで子どもと争うのは，たいていは非生産的なことです。子どもが自分について言っていることは正しくないとあなたが言い張るほど，子どもはあなたが間違っていると証明することばかりに懸命になり，自分を見つめ直すプロセスに集中することができなくなります。

　あなたの子どもには，自分だけの旅を経験させてやってください。失敗にも，ひどい髪形にも，恋愛にも目をつぶってやることです。あなたは何年もの間，子どもの成長というドラマを最前列の席で見まもってきました。だから，子どものアイデンティティに特別な面が現れるとは思っていなかったと認めるのは，難しいかもしれません。ですが，ありのままの子どもとして認め，どうしてそのように思ったのかを理解するように努めてください。そうすれば，子どもは，2年後，5年後，10年後，ひょっとすると20年後には，まったく違ったことに関心を向けるようになっているかもしれません。あなたが正しくて，子どもは自分の魅力

について深く探り，今とは違った理解のしかたをするようになることもあるでしょう。けれども，あなたが間違っている可能性もあります。子どもは，本当の自分を見つけ出す自由が与えられれば，同じジェンダーの誰かと出会って激しい恋に落ち，2人で老後を迎えることもあるでしょう。けれどもそれは，あなたが想像するよりもずっと幸せなことかもしれないのです。

---

親の側から　　　　　　　　　　　　　　　　　　　　　　リン（51歳）

## 何がいけなかったのだろう？

　娘が私にカミングアウトしたのは25歳のときでしたが，そのとき私は，自分の感情に押しつぶされそうになりました。そして母として，すぐ頭の中にさまざまな思いがよぎりました。「どうしてこんなことになってしまったんだろう？　何か間違いをしたのだろうか？　何がいけなかったんだろう？」　私にとっての問題は，娘のことではなくて，私自身と，親としての資質のことでした。娘のカミングアウトが嘘だと言える理由を探していました。「これは娘のために願っていた人生ではない。私は，義理の息子と孫がほしかった」。つまり，昔ながらの生活が。けれども私には，娘が伝統に少しもこだわらない子だということも分かっていました。

　当時娘は別の街で暮らしていたので，カミングアウトは電話で告げられました。理想的な方法ではありませんでしたが，私たちが2人とも気持ちを高ぶらせてしまったことを思うと，これがベストの選択だったかもしれません。泣きながら娘と話したあと，私は子ども部屋に駆け込みました。そうすれば，娘を近くに感じることができるだろうと思ったのです。この新しい出来事について理解する助けとなる，手がかりがあるかもしれないと考えたのでしょう。

　学生時代の写真や，卒業記念アルバムや，日記など，自分がどん

なミスを犯したか分かるようなものはないか片っ端から調べました。確かに私は何らかの過ちを犯していたのです。完璧な母親だったら早くからゲイであることに気がついただろうし、娘の安心できるような良い環境で育てていたら、もっと早く気づけただろうにと考えました。けれども、ハイスクールから大学にかけて娘がどんなに苦しんでいたかを思い返すうち、娘がゲイでなければいいのにと思う気持ちから、娘が本当の自分でいられるようにしなかった自分を責める気持ちへと変わっていきました。娘は、本当の自分ではなくて、私がそうあってほしいと望む娘を演じてくれていたのです。私はいつも、子どもを自分に重ね合わせて生きている親たちを不快に思っていました。それなのに、私自身も同じ過ちを犯していたことに思い至ったのです。

　心の痛みを感じるのはいやなことです。ですから、早く終わらせる道はないものかと必死に考えました。夫は、「君はほかの人よりも、さっさと気持ちが切り替えられるじゃないか」と言います。実際2日間で私は、娘が子どものときに私がしてやったことや、してやらなかったことは気にしなくていいと悟ることができました。それは過去のことで、もう変えることはできません。今一番重要なのは、今の私に何ができるかということと、子どもが今何を必要としているかということです。子どもは、人生で最も苦しい経験をしていました。そして、自分が原因で、親子の関係が崩れてしまうのではないかと恐れていました。だから、どんなことがあっても私がそばにいるという保証がほしかったのです。それは、私からの無条件の愛でした。

　私は居ても立ってもいられず、飛行機に飛び乗って、娘のところに駆けつけたいと思いました。そして、3歳の子どものように抱き上げ、抱きしめ、何も心配しなくていいと言ってやりたくなりました。でもその代わりに長い電話をかけ、気持ちを抑えず、泣きながら話をしたのです。娘は話をしている間、どんなことがあっても、いつも私がそばにいると分かってくれていました。

私は娘のことを誇らしく思います。そして，あの子の母親でいられることが，私の一番の誇りでもあります。

## Q. 子どもに質問してもいいのでしょうか？

**ダニエルより**

私の人生について（恋愛のこと，友人のこと，政治のことなど）父から尋ねられたとき，ひどく困ってしまったことがあります。父のことが嫌いだからとか，自分の人生のことを知られたくないとかいうのとは違います。そのとき感じていることを，どう話していいか分からなかったのです。ところが父は質問をやめませんでした。それで私がいささか居心地悪そうにしていると分かると，ちょっと笑ってから，「このことを話し合わなくともいいんだよ。ただ，お前に何が起こっているのか，知りたいだけなのさ」と言いました。2，3週間経つと，私は赤面せずに，父とこうした会話ができるようになりました。父から何か聞かれたときに，怒ったこともありません。今では少しは大人になったので，父とは何でも話し合っています。私の人生に何が起こったか，誰とつき合っているか，友だちとうまくやっているか，どういう政治問題に腹を立てているかなんて話は，真っ先に父とするようにしています。父とは以前よりも親密になりました。父が質問し続けてくれたおかげだと思っています。

A. 質問するのは構いません。それどころか，どんどん質問をしてもらいたいです。子どもに質問することは，子どものことを気にかけていて，もっとよく理解したいと考えていることを示します。それは，すばらしい親の証です。もちろん，その努力がすぐに実を結ぶというわけではありません。あなたの子どもは面食らったり，あるいは，自分の生活に介入されたような気がして，迷惑がったりすることがあるでしょう。

ただここで覚えておいてほしいことがあります。あなたがどんな気持ちでいるのかを伝え，あなたの子どもの感じていることをもっと理解したいと思う理由を明かし，子どもが自分のことをさらに理解できるように干渉しないでいてやることはできるのです。子どもからはすぐに受け入れてもらえないかもしれません。けれども時間が経てば，あなたが気にかけてくれていることに感謝するときがくるでしょう。

　子どもに向かって，あなたが質問したがっていること，話をしたいと思っていることを伝えるだけでも，きっかけとしてはすばらしいものです。「質問してもいいかい？」とか「ちょっと話があるんだけど大丈夫？」とか，言ってみてください。あるいは，もう少し具体的な会話から始めることもできるでしょう。たとえば，「もしよかったら，どうしてゲイだと思うようになったのかもっと教えてくれない？　そうしたら，もっとお前のことを分かってやれると思うんだけど」と尋ねることもできます。あなたの子どもは，喜んで話をしてくれるかもしれませんし，これがきっかけになってすばらしい対話が始まるかもしれません。そうなれば，とてもいいですね。でも，そうならなくとも，辛抱して別の機会を見つけてください。話し合う機会を得たときも辛抱強さを持ち続けてください。2人にとってこのような話題は，未知の領域なのですから。会話が終わったときには，子どもに，いつでも話し相手になれること，疑問があったら相談に乗ってやれると，はっきりと告げましょう。子どもが疑問を持ったときの受け入れ口を設けておくことで，コミュニケーションの機会が開けるのです。

　もし子どもが戸惑っていたり，迷惑がったり，いらいらしたり，ためらったりしていても，それでいいのです！　これは，子どもが，ありのままの自分になるためのプロセスであることを意味しています。ある話題について話し合うための気持ちの整理がまだできていないということなのです。

　16歳で両親にカミングアウトをしたオルレミは，両親から質問された経験をこんなふうに振り返っています。「私は両親からいつ質問されても大丈夫だと思っていました。それなのに，答える方法も分からず，

第2章　親としての最初の反応

心の準備もできていなかったのです」。子どもが質問に答える準備ができていなかったら，ただ一言，「今すぐにこの話ができなくても大丈夫だよ。お前のことを気にかけていることを知っていてほしい。もし話ができるようになったら，もっとよく理解してやれると思う」と言ってやってください。それで2，3カ月待って，同じように子どもに聞いてみてください。話ができそうな気になったか尋ねて，何か変わったことがあったか確かめてください。

子どもの方で話をする準備ができていないとき，答えがまだ出ていない疑問にあなたがどう対処するかはとても重要です。同じような疑問や経験を持つ親は大勢います。そこで，グループやコミュニティと連絡を取るのもいいでしょう。

---

**子どもの側から**　　　　　　　　　　　　　　　　　　**モリー（26歳）**

## ゲイにしては女の子っぽいね，と母に言われました

私の母は，きれいな写真を撮ります。仕事は写真家で，母がこの世界をどんなふうにとらえているのか，私にも少しくらいは分かります。写真のおかげで，母という人間を理解することができました。けれども，これからするのは，写真家としての母の話ではありません。私は17歳の頃，母がどんなものの見方をしていたのかをようやく理解できたという話です。

ハイスクールの後半になって，私は海軍兵学校への進学を希望しました。そこで化学を専攻して，輸送機のパイロットになり，ゆくゆくは宇宙飛行士になりたいと思っていました。時間があればNASA（アメリカ航空宇宙局）の本を読み，社会政策に関する科学やテクノロジーについてのキャンプにも参加し，ハイスクールの化学クラブの部長も務めました。母は昔，士官候補生とつき合っていたこともあって，私が海軍兵学校を目指していると知ったときには，

悲しそうにしていました。私は，詩が好きで，すぐに泣くような，優しい声の，感受性の強い子どもでした。それが海軍士官になるなんて，とうてい考えられなかったのでしょう。今から思うと母は，海軍に入ったら私が押しつぶされてしまうのではないかと，心配していたのでしょうね。けれども私は，海軍に入れば自分を鍛えられると期待していたのです。

　私は強くなりたかった。私が女の子に興味があると知られたら，悪口を言われるかもしれないと思っていたからです。すると，とうとうある日の夕食後に母から，私の友だちから届いたメールのことを聞かれました。私は自分が一番言いたくなかったことを母に告げました。自分がレズビアンだということを。母との最初の会話はわりと穏やかに進みました。ただ母は私に，それは一つの段階なのだとはっきり言ったのです。女性というのは見た目が魅力的なものだから，ほかの人の容姿の美しさだけに惑わされてはいけないと言われました。その頃ちょうど，私の祖父母が重い病気にかかっていたので，私たち家族はつらい1年を過ごしていました。そのストレスのせいだろうとも言いました。そのほかにも，私は昔からずっと女の子っぽいと言うのです。母は，自分の方がよほどレズビアンらしいと冗談まで言ったのです。母は運動が大の得意で，若い頃にはテニスの選手だったこともあります。私は髪の毛をセットしたり，メイクをしたり，爪の手入れをするのが大好きです。その私の一体どこがレズビアンなのか？　そして，もし条件がまったく同じだったら，男の子と女の子と，どちらとつき合いたいと思うかと聞かれました。意気地のない私は，小声で「女の子」と答えました。母は私が，自分の面目を保つためにそう答えただけだと思ったようです。そこで私たちの話は終わりになり，私は父には知らせないようにと母にお願いしました。

　それから2，3週間経って，母が，私の憧れている宇宙飛行士の女性の見た目が男っぽいと言い出しました。母は前にも，私が親友の女の子を好きらしい（実際そうだったのですが）とジョークを言った

ことがあります。それで母には，そういう冗談をやめてもらい，私も，おとなしくすることにしました。自分の秘密はしまっておき，カミングアウトした友人とはつき合わないようにして，大学の教養学部に進んだのです。新入生の1年間は何ともみじめな気分でした。私が感じていることは一つの段階にすぎないと言う母の意見と折り合いをつけるのに必死だったのです。もう何を信じたらいいのか分かりません。前には，母の言うことはいつも正しかった。子どもの頃には，私のことを真っ先に心配してくれた。そして母の直感は，私をいらいらさせるほど，たいてい当たっていた。そんな母が間違うことなんてあるだろうか？　化学の勉強はやめ，フランス語を専攻することにしました。私は女の子っぽい。それが私にふさわしい世界なのだろう。大学では何人か男の人とつき合いましたが，長続きしません。それどころか，女の人が相手でないと，ときめくことがないと気づいてしまったのです。

　大学1年生のとき，両親とは何度も話をしました。私は実家から2時間も離れた都会に出ていたので，話は電話越しです。私が友だち数人といっしょにゲイクラブに行ったことを知ったときには，母はかんかんでした（それにしても，何でそんな話を母にしたのだろう）。母はインターネットでクラブを探し当てると，写真に写っている人たちのことを「変人揃い」だと言いました。今から思うと，「変人揃い」というのは，母としては精一杯ほめたつもりだったのかもしれません。それでも，その言葉に私は深く傷つき，腹も立ちました。腹が立ったことで私は，母の意見と，私の考えが一致しているかどうかにかかわらず，母の判断や評価に疑問を持つようになったのです。母は私に，そんなに髪が短かかったら，職場の男性から誘ってもらえないと言いました。レズビアンのふりをし続けるなら，みんなからそう扱われるようになるとも。実際のところ，女性まで一人も近寄ってこないのにはいらいらさせられました。それでも髪を短くしたことで，今までに感じなかったような自信が湧いてきました。

　母は私と，互いに傷つけ合いながら，先へ先へと進んでいたよう

です。母は何度も涙を流し，話したことで，ようやく何かぴんと来るところに到達したのかもしれません。私はというと，どうしようもない怒りを抱えていました。解決の糸口がつかめたのは，セラピーに通って自分の欲求不満に目を向けるようになってからのことです。母は，人を傷つけるようなことを言ったのに，その半分さえも覚えていないことを知り頭に来ました。するとセラピーの先生は私に「あなたのお母さんは一所懸命働いて，今の地位を築き上げたのです。そのことは認めてあげないと」と言うのです。初めは，先生のその言葉にまで腹を立てました。憤りまで感じましたが，結局，それは真実だと受け入れることにしました。傷つくような言葉を言ったと母が覚えていないのは，傷つけるつもりがなかったからだと気づいたのです。

　母はいつでも私を支えてくれていました。私を傷つけるようなことを言ったときでさえも，母は私を愛してくれていました。こうしたことすべてが一つの段階にすぎないと願ったのは，私を守ろうとしたためだったのです。海軍に入隊した私が苦しむことのないようにと願ったのと同じことだったのです。重要なのは，私は日に日に母を好きになり，母も私を好きになっていったということです。最近母が，私の写真を撮ってくれました。自分の写真は見るのもいやなのですが，この一枚はとても気に入っています。母の目を通した私はとても美しく，母がどんなに私を愛しているか，その思いがただよってくる写真でした。結局，私に自分の道を歩いていけるように励ましてくれたのは，母だったのです。

### Q. ほかのきょうだいもゲイになりますか？

A. その可能性はあるでしょう。でも，そうなるかどうかは誰にも分かりません！

きょうだいといっても，セクシュアリティはさまざまに違っているのです。きょうだいの中に，スポーツに興味がある子もいれば，歌がとても上手な子もいることがありますが，セクシュアリティについても，同じことが言えます。セクシュアリティの仕組みや，子どもが実際にゲイだった場合，ほかのきょうだいがゲイになる可能性が高いかどうかについて，話そうと思えばいくらでも話すことができるかもしれません。けれども，こうした考えは科学的にはっきりと証明されたことはありませんし，子どものセクシュアリティに基づいて，ほかのきょうだいがゲイになるかどうかを判断することもできません。

　きょうだいがゲイだと分かったとき，別の子もゲイになる可能性が高いのではないかと心配する親たちと何度も話をしたことがあります。端的に言って，私たちのセクシュアル・アイデンティティに関しては，そうなると決まっていることは，いっさいないということです。自分のきょうだいがゲイだと知ったとき，あるいは親友からカミングアウトされたとき，あなたは自分のセクシュアリティについてどんなふうに感じるかを考えてみてください。そのせいで自分のアイデンティティが変わると思いますか？　あなたが好奇心の強い人だったら，自信を持って，自分のセクシュアリティについて深く考えてみたり，ほかの人と話し合ってみたりすることでしょう。でも，そうやって知識を得たとしても，あなたのセクシュアリティを決定し，作り上げた基礎となる部分が変わることはなかったと思います。親がどう思い悩んでも，子どもの願望や関心が変わることはありません。あなたの子どもの本質はそのままなのです。

　あらゆるアイデンティティを受け入れられる，オープンな態度でいれば（家族にも，それ以外の人にも），自分にもう1人ゲイの子どもがいると分かったときに，大きな違いが出てきます。きょうだいがすでに家族にカミングアウトしている子どもは，自分のアイデンティティを打ち明けるのがさらに難しくなってきます。私たちは，きょうだいが親にカミングアウトしているという子どもたちと何度も話をしてきました。その子たちは，2人もゲイの子どもがいると親に告げたくないために，カミング

アウトを恐れていました。もう1人もカミングアウトをして，親を追い詰めるようなことになりはしまいか，一度は受け入れたものであっても，今度は失望や，怒りや，悲しみに変わるのではないかと感じている子どもはたくさんいます。また，カミングアウトをしても，説得力の薄い，「ものまね」だとか，きょうだいに憧れているだけだとか見られかねないという恐れもあります。

　こうした理由から見ても，あなたが「カミングアウトした」子どもをきちんとサポートしていることを，ほかの子どもたちによく知らせておくのはとても重要なのです。前にも言いましたが，親からのサポートがあったからといって，その子の本質が変わることはありませんが，子どもが自分自身のことをよく理解し，そうやって気づいたことをあなたに打ち明けられるようになるための助けとなるでしょう。あなたに2人以上の子どもがいて，ほかの子に向かって「お前がゲイでなくて本当によかった」などと言ってしまったら，コミュニケーションをとるためのドアは完全に閉ざされてしまいます。ほかの子どもも支えてやるとはっきり言いましょう。そして，いつでも男女を区別しない言葉づかいをするように努力してください。交際相手について尋ねるときには，そのような言葉づかいで質問してください。たとえば自分の息子に向かって，「学校で気になる女の子はいるの？」と聞くのではなくて，「つき合っている人とか，気になる人とかはいるの？」と尋ねるのです。これは子どものことを気遣っているだけではなく，すでにカミングアウトした子を尊重し，支えていると示すことにもなるのです。

　重要なのは，あなたの子どもたちを平等に扱い，尊重してやることです。ゲイの子どもが2人以上いる家族もあれば，6人きょうだいのうち，ゲイの子どもは1人だけというところもあります。1人の子どもの性質に基づいて，ほかの子どもが抱えている複雑な事情まで「知る」方法はありません。とはいうものの，あなたの子どもたち全員が，たとえどんなアイデンティティであっても，堂々と自分を表現できるように，あなたが誠実な気持ちで支えてやることはできるのです。

## この章のまとめ

＊

　セクシュアリティの話をするときに「選択」という言葉を使うと，いろいろと問題が生じます。サラダのドレッシングを選んだりするように，セクシュアリティを選ぶことはありません。単純に「生まれつきそうだった」とは言い切れない場合が多いのです。

＊

　ほかの人のセクシュアリティを決定したり，変えたりできる人はいません。「原因」を突き止めようとしないで，前向きになりましょう。

＊

　子どもには自分のアイデンティティについて自由に考えさせてやりましょう。そして自分について理解したことは，そのまま変わらないこともあるし，揺れ動くことがあるかもしれません。だからといって，子どもがその瞬間に感じたことが無意味になるわけではないのです。

＊

　質問をしましょう。そして，すぐに前向きな返事が聞けなかったとしても，辛抱強く待ちましょう。改めて質問をして，同じ立場にある人たちからのサポートを受けましょう。

＊

　子どものセクシュアリティが，ほかのきょうだいのセクシュアリティに影響を及ぼすことはないし，そうすることもできません。

# 第3章

# 誰に話すか

あなたの子どもがカミングアウトのプロセスを歩んでいかなければならない一方で，あなたもこれから先，このことを誰かに知らせる判断を下す必要に迫られます。その際，考慮すべき多くの要素があります。特に，あなたが安心できる相手とはどんな人たちか，子どもが自分自身のことをほかの誰かに打ち明ける準備ができているかを考えてみてください。誰に，どう話すか，身近な人に話したら，どんな反応が返ってくるかと心配していることでしょう。ですが，あなたの子どもだけが，人にカミングアウトをしなければならないわけではありません。そしてまた，あなただけが，ゲイの子どもを持つ親として，カミングアウトについての決定を迫られているわけでもありません。

　私たちは情報をさまざまな形で共有するものです。知り合い全員に，子どもがゲイだと伝える義務はありませんが，そうなる可能性は十分にあります！　人に話すという判断は，あなたとあなたの子どもだけの，個人的なものであるということは忘れないでください。

### Q. 子どもがゲイであることをほかの人にいつ知らせればいいでしょうか？

A. 相手が家族であれ，友人であれ，職場の同僚であれ，ちょっとした知り合いであれ，ほかの人に知らせるタイミングは，あなたとあなたの子どもに，その準備ができているかどうかによって左右されます。人に話すときにはいろいろな場合が考えられますので，図で分かりやすく示しました。

### ① あなたとあなたの子どもの両方が人に知らせたいと思っていて，子どもから直接打ち明けたいと考えている場合

　これは最高ですね！　つまり，あなたの子どもは，この経験をすっかり自分のものにしているということです。とても個人的な話をするのですから，自分自身の言葉で伝えたいと考えているのでしょう。このシナ

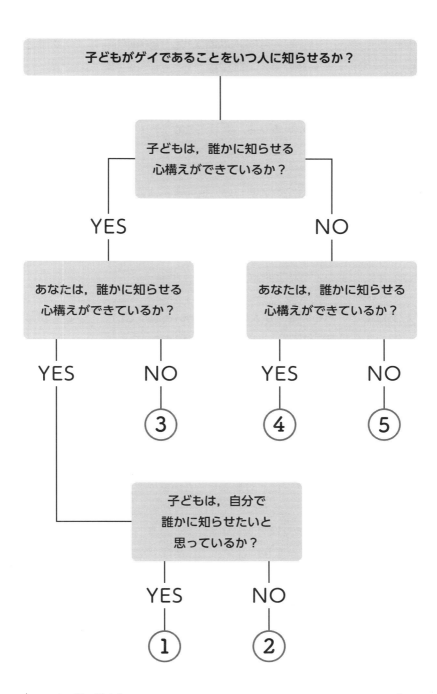

第3章 誰に話すか

リオでは，あなたは，伝えるべき人に伝えるための時間と場所とを子どもに与えてやればいいのです。そして，子どもが打ち明けたいと思ったときには，あなたがそばについていると言ってやってください。また子どもには，何か進展があったら知らせるようにと伝えましょう。特に話しづらいと思う相手がいるなら，あらかじめ子どもと話し合っておくのがいいでしょう。驚く人は多いでしょうし，予想とは違った反応をされるかもしれません。ですから子どもには，ベッキーおばさんは聖書の一節を示すだろうとか，宗教に基づいて前向きとは言えない意見をするかも，とか言っておくのは構いません。子どもに注意を喚起することになり，さらに準備を整え，違ったやり方で，ほかの相手にカミングアウトするときのための励ましにもなることでしょう（信仰に篤い友人や家族へのカミングアウトについては，第6章を参考にしてください）。

② **あなたと子どもの両方が人に知らせたいと思っていて，子どもがあなたから打ち明けてほしいと考えている場合**

この場合もよく分かります。子どもは，ありのままの自分に満足しているのですが，親戚や，家族ぐるみでつき合っている友人とその話をしたことはまだありません。あなたは子どもから，目前の課題に立ち向かうために助けてほしいと頼りにされているのです。この場合は，子どもがあなたにどんな役割を果たしてもらいたがっているか，事前に話し合っておくことが大切です。あなたにはただ一言，「ドンおじさん，リサが，自分はレズビアンだとお知らせしたいんです」と切り出してほしいのかもしれませんし，あなたの役目は，最初のちょっとした堂々巡りの議論に対応することなのかもしれません。ことわざに「袋から猫が出る」と言いますが，いったんそんなふうに秘密が分かってしまえば，子どもは，そのあとに出てくる質問には自信を持って答えられるものです。子どもから言葉づかいを具体的に指示されることもあるでしょうし，内容によってはあなた自身がもっと明確に意味を把握すべきことがあるかもしれません。自分が明確に理解していれば，ほかの人にも明確に説明できるはずです。また，この章の「ほかの人はどう思うでしょうか？」

という質問のところ（79ページ）を読んでください。ここでは、ゲイの子どもを持っていることを実際に人に知らせる場合について、詳しく取り上げています。

## ③子どもは人に知らせたいと思っているが、あなたにはその心構えができていない場合

あなたは自分の子どもがカミングアウトした場合を考えて自身をコントロールしている最中で、人に知らせる前に、気持ちの整理をする時間が必要なのでしょう。それは実にもっともな話で、十分に納得できます。子どもも、自分自身について理解できるようになるまで相当な時間を費やしてきたのです。けれどもあなたにとっては、まったくの初体験ですから、あなたにも自分の気持ちをじっくり探ってみる時間が必要でしょう。最終的には子どもが決めることですが、そういう話ができるようになるまで時間が必要だというのも理解できます。そんなときは、子どもに、もっと話し合って、よく理解できるようになるための時間がほしいと説明してください。期限を設けるように提案するのもよいかもしれません。たとえば、こう言うのはどうでしょう。「このことを、ほかの家族にも知ってもらいたいという気持ちは心から尊重するし、お前が満ち足りた気持ちになって、会話をする準備ができていることもうれしく思っている。だけどこれは私にとって初めてのことだから、よく理解しておかなければ。こちらからもっと質問できるように、ちょっと時間をくれるとありがたいんだけど。家族や友だちと何もかも話せるようになったときに、私ももう少し堂々としていないとね。今から3週間後にまた腰を落ち着けて、またこの話をして、先に進むというのはどう？納得してもらえたかな」。それでいいということになったら、この段階は、短期間の、一時的なものであることを強調しておいてください。子どもが長い間カミングアウトできないままでいるのは、健康面から見ても良いことではありません。そのような状況に置かれると、子どもが、自分は身近な人たちに嘘をついていなければならないと感じてしまうからです。

## ④ あなたは人に知らせたいと思っているが，子どもにはその心構えができていない場合

あなたの子どもは自分のセクシュアリティについて，まだ人に知られたくないと思っていて，まずあなたに知らせたという場合です。カミングアウトというのは，子どもにとって（いや，誰にとっても）大きなステップですから，誰にどうやって知らせるかをコントロールすることはとても重要です。子どもに，人に知らせる心構えができていないのなら，あなたはその思いを尊重すべきです。これはあなたと子どもと2人で歩む旅ではありますが，この時点では，子どものプロセスを優先させてください。子どもには，カミングアウトするときの気持ちをコントロールするための時間をやってください。そして1，2カ月経ってからまた話し合って，気持ちがどうなっているかを確かめましょう。

## ⑤ あなたも子どもも，人に知らせる心構えができていない場合

この組み合わせのときに忘れないでほしいのは，人に知らせることは義務ではないということです。LGBTQ コミュニティに属しているとしても，誰もが自分のアイデンティティを公言する責任を負っているわけではありません。それは人それぞれが選ぶことで，そのあり方もさまざまです。このことは，あなたと子どもとの間にも言えることで，その関係が最も重要なのです。子どもをサポートし，2人がためらいを感じる原因について話し合うようにしましょう。あなたがそうしたいと思っているなら，子どもともっと気楽に話せるようになったときには，2人とも，人にも話せるという気持ちになるでしょう。

| 親の側から | ミシェル（53歳） |
|---|---|

## どうやって親友に説明しよう？

　ゾーイが18歳のとき，母親の私にカミングアウトしました。それまでも私たちはいつもよく話をしていました。ゾーイから話したいことがあると言われたり，今日はどんなふうに過ごしたのと聞かれたりすると，私は，電話を2本かけてからねと答えて，そのあとでゆっくりとゾーイの考えていることを話し合ったものです。けれどもその特別な夜，私はあまり気分が良くなくて，ベッドに横になっていました。そこにゾーイがやって来て私の隣に横になると，「ママ，話したいことがあるの」と言いました。私は「そう？　それって今じゃないとだめ？」とか何とか答えたと思います。それでもゾーイは，「そう。今じゃないとだめ」と引き下がりません。そして話し始めました。ゾーイは，自分はゲイだと言ったのでした。

　私たちは，ゾーイのセクシュアリティについてわざわざ人に話そうとはしませんでした。ゾーイがほかの人に知らせたいと思わないなら，それはゾーイ個人の問題だと考えたからです。そんなとき，複雑でちょっと厄介なことが起きました。

　数カ月後，私は，親友から夕食に招待されました。その親友は，ゾーイのことをとても気に入っていました。それで親友に，その日は大学に通っているゾーイが帰省することになっていると話すと，とても喜んで，「ゾーイも連れてらっしゃいよ」と言うのです。困ったことに，ゾーイはガールフレンドのマディを連れて帰って来る予定でした。そのことをどうやって親友に説明しようか，私は途方に暮れてしまいました。適当な言葉が思いつかず，ただ「ゾーイが友だちを連れてくるから」と言いました。もちろん親友は，その「友だち」もすぐさま夕食に招待してくれたのです。

　帰省したゾーイに，2人も夕食に招待されていると言い，けれど，2人がつき合っているという話はしていないと説明しました。する

とゾーイは，これだけは譲れないという条件を出しました。マディとつき合っていることを知らせていないなら，夕食には行かないと言うのです。ゾーイは嘘をつきたくなかったのでした。それはもっともな話です。ゾーイがそのようにきっぱりとした態度をとったのは，これが初めてのことでした。けれども，出かけるまで，あまり時間が残されていません。私は，どうすればいいか分かりませんでした。すると夫は，ゾーイが列車に乗り遅れたことにすればいいと言いました。そうすれば，話をしなくてすむというわけです。何が起こるか，私には想像もつきませんでした。結局，ゾーイは家に残ることになりました。

　私は夕食にでかけました。もちろん親友は，ゾーイが列車に乗り遅れたのは残念と言ってくれましたが，その瞬間，私は嘘をつくことができなくなり，その場でこう言ったのです。「実は，ゾーイは列車に乗り遅れたわけではないの。ゾーイなら家にいる。ゾーイは私に，自分がゲイだと伝えてほしがっていて，それから，ゾーイの友だちというのはただの友だちじゃなくて，パートナーなのよ。そのことを知っておいてほしい……」。親友は驚きませんでした。そして私に，ゾーイは幸せにしているか尋ねました。私は，本当に幸せにしていると答え，親友は「それが一番大切よね」と言いました。そしてその夜の帰り際，親友の夫からはこう言われました。「ゾーイに伝えて。君はこれからもずっと僕の娘みたいなものだ。だから，今度夕食に誘ったら，ぜひ家に来てほしいと」

> **Q.** 誰に知らせればいいでしょうか？　子どものきょうだい？
> 祖父母？　近所のよく知っている人？

> **クリスティンより**
>
> 私が両親にカミングアウトしたのは17歳のときで，妹のアリソンは12歳でした。母は，アリソンには「このことを知るのは早すぎる」し，ゲイの姉がいることで，アリソンが自分のセクシュアリティを理解する上で何かしら影響が出るのではないかと強く感じていたようです。あっさり言ってしまえば，私のせいで妹までゲイになってもらいたくないということです。その論理に納得がいかなかったものの，当時の私は，母に喜んでもらえるなら，できることはどんなことでもすべきだと思っていたので，母に従うことにしました。それから３年くらい経って，妹が15歳になったときに話を振ってみたのですが，案の定，妹は肩をすくめ，もっと重要な，楽しい話をしようと言い出しました。それで私たちは，恐竜の誕生とかアインシュタインの詳しい伝記とかの話をしたのです（アリソンはとにかく科学が好きですから）。そのあとも私たちの仲がぎくしゃくしたことは一度もありません。アリソンはこれまで，私のセクシュアリティのせいで自分のアイデンティティが影響を受けた，というようなことを言ったことはありません。自分はストレートで，好きな男の子とデートしたいというのは以前から変わっていません。今から思うと，私は妹に，一緒に話を聞いてもらいたかったのでした。「早すぎる」ことはないと分かっていましたから。私はアリソンの姉であり，それもありのままの私の一部なのです。

**A.** 子どもが，自分のアイデンティティについて，あなたからほかの人に知らせてもいいと思っている場合，誰に話すべきか決めるのはちょっと大変な仕事です。ただ，あなたの知り合い全員に，自分の子どもがゲイだと伝える義務はないということは，知っておいてください。そして，息子がカミングアウトをする前から，「知っていると思うけど，

ジョンは同性愛者なのよ」などと触れ歩くのは言語道断です。あなたがそうしたいと思うとか，そうする理由がはっきりしているとかいうのでない限り，こうしたことを公言する必要はありません。

　普通，あなたが率直に話をしたいと思う相手は，自分にとって大切な人か，つき合いの長い人です。もともと個人的なことを相談できる相手でしょうから，普段通りに包み隠さず話ができるでしょう。ごく親しい友人に打ち明けるのであれば，娘に新しくできたガールフレンドのことを，ボーイフレンドとつき合っているのとまるで同じように話せることでしょう。

　打ち明ける相手が自分の友人や家族以外の人であるときには，ケースバイケースの対応になります。あなたが，比較的保守的なコミュニティで暮らしているとすれば，個人的な問題はあまり人に話さないようにしているかもしれませんし，そうとは言い切れない場合もあります。人はそれぞれですから，あなたやあなたの子どもの気持ちが安定し，支えられていると感じるのであれば，話したことは正しかったのです。近所の人にまで言う必要はないですが，あなたが子どものことを誇らしく思っていて，たまたま「ゲイ・プライド」のTシャツを着ていたりしたら，そのわけを説明するのもいいでしょう！

　あなたがこの情報を打ち明けたい（あるいは，打ち明けたくない）相手はさまざまなグループに分けられるでしょうから，それぞれについて詳しく述べることにします。

**きょうだいに知らせる場合**

　あなたの子どもが，あなたにしたのと同じように，きょうだいにも打ち明けようと決心することがあります。そういうとき，子どもには心構えができていて，自分自身の言葉で打ち明けることでしょう。ただ，あなたからきょうだいに言ってほしいと頼まれることがあるかもしれません。子どもは，ちょうどいいタイミングが分からないので，あなたの方が話を切り出すのにふさわしいと考えているのです。会話の進行役になってもらい，最初のやりとりを始めるときには，そばにいて助けてほ

しいのかもしれません。その子は，大学などに通うために実家を出ていて，下のきょうだいはまだ家にいるということもあります。

　子どもがあなたに，代わりにきょうだいと話してほしいと頼んだのであれば　そうしてあげたらいいでしょう（そうすべきです）。この場合も，あなた個人とほかのきょうだいとの（さまざまな）関係によって状況が変わってくると思います。きょうだいと話をするときには，あなたから打ち明けることになった理由，あなたが子どもたち全員を支え，愛していること，疑問があるときには，尋ねても構わないことを必ず説明してください。

　そのきょうだいの年齢では，十分に理解できないかもしれないと考えて，言うべきかどうか迷うこともあるでしょう。けれども，子どもというものは，ずいぶん幼い頃から，ほかの人との違いを理解することができます。場合によっては，これまでの人生で「正しいこと」と「間違ったこと」とを学んできた大人よりも，ずっといろいろなことを知っていることもあります。子どもは，男と女という組み合わせ以外にも，お互いに愛し合う可能性があることをずっと柔軟に理解します。

　説明はシンプルにしましょう。「ジョンが男の子を好きになるのは，パパがママを好きになるのと同じこと」と言えば，メッセージは十分伝わります。幼い子どもはたいてい，1つか2つ質問を返してから，「テレビを見てもいい？」となるでしょう。資料一覧（199ページ）に，このような話し合いをスムーズに進める助けとなる，子ども向けの本もまとめました。

## 祖父母（そして，ほかの家族）に知らせる場合

　あなたの親や，あなたの配偶者の親に知らせる場合，対処が難しい問題が起こることが多くなります。祖父母が健康な状態であれば，ほかの家族に知らせる場合と同じ（あるいはよく似た）要因に従って，知らせることに決めればいいでしょう。拡大家族に知らせる場合，相手によります。突然カミングアウトの状況になることもあれば，時間をかけて次第に知らせていく場合もあります。あなたは，自分の親には真っ先に知らせた

いと思うかもしれないし，さまざまな理由から，打ち明けられずにいるかもしれません。

　ミシェルは，娘のゾーイから18歳のときにレズビアンだと打ち明けられました。そのことを自分の両親に告げるのはとても大変だったと言います。娘がゲイだなんて両親に話したら，親として失格だと思われはしないかと感じていたからです。そしてゾーイのセクシュアリティのことを，育て方に問題があったためと思われるのではないかとも考えていました。「両親をがっかりさせたくないばかりに，その段階を乗り越えるのにちょっと時間がかかりました」とミシェルは言います。ミシェルの両親は，ゾーイのセクシュアリティについてどう思うかミシェルから聞かれたとき，どう答えたものか困ってしまったそうです。何しろ，ゾーイのことを打ち明けながら，ミシェルが泣き出してしまったからです。ミシェルの両親は，ミシェルのことを支えてやりたいとずっと思っていましたが，そんなわけで，孫のゾーイも支えてやるとはっきり伝えるための最初の会話のきっかけを逃してしまったのです。

　祖父母に打ち明けるのは，年齢とか健康とかのことを考えると難しいと思う家族は少なくありません。事実を伏せておきたいわけではないのですが，それと同時に，いらないストレスを感じさせたくないし，年配の人の経験と照らし合わせると，ひどく混乱させることにもなると分かっています。祖父母に話さないことで，あなたや子どもが隠し事をしているような気持ちになるのでしたら，打ち明けた方がいいと思います。あなたたち親子が，自分の人生についてほかのことだったらたいていは言えそうだが，ストレスや健康上の不安の原因となることを不必要に言いたくはないというときは，ひとまず伏せておくのが賢明な判断かもしれません。あなたと子どもは，誰よりも自分の家族のことをよく知っていますから，最終決定をするために，その知識を役立てましょう。あらゆる要因を十分に検討した上で，あなたと子どもとが最も安心できる道を選ぶように努力してください。この場合「間違った」答えというものはないのです。

**職場の同僚に知らせる場合**

　職場の同僚や，かなり定期的に（と言っても，必ずしも個人的にではなく）会う人に話す場合，判断はいろいろあると思います。上司の机の前を通るたびに「息子さんは元気？　ガールフレンドはいるの？」と聞かれることがあるでしょう。こういう質問をされると不安になって，口の中であいまいな答えをもぐもぐ言うのがやっとという人もいれば，これ幸いとばかりに「いや，それがガールフレンドはいないんですよ。ボーイフレンドができたら真っ先にお知らせしますね」と言う人もいるかもしれません。こうしたやりとりは，子どもが日常的に他人と交わしているやりとりそのものなのです。カミングアウトのタイミングというのがどれほど難しいものか，よく分かるでしょう。

　子どものセクシュアリティについてオープンに打ち明けるのは平気だというなら，子どもについて質問されたときには正直に答えた方がいいでしょう。一般的に，ゲイの子どもを持つ親としてカミングアウトするなら，デスクに上がって，「うちの子はゲイなんです！」と叫ぶのではなくて，とりとめのない会話をしているときが一番簡単です。とはいうものの，あなたの職場がどんなことでも話せるような場所とは限らないし，あなたがそんな雰囲気を望んでいないということもあるでしょう。あなたは子どものセクシュアリティを周囲に知らせたときの反響が気になるかもしれません。あるいは，職場では明かさないでいたいと思うかもしれません。ほかのあらゆることと同じように，最終的にはあなたと子どもとが一緒になって決断することです。あなたが同僚に話すことをためらっているのなら，そのことを子どもにはっきりと説明してください。このことを秘密にしているのは，恥だと思っているからではなくて，人の反応によっては，職場の環境が全体的に悪い方向に変わってしまうのが心配だからだとか，職場では個人的な話をしたくないからだとか，子どもにちゃんと知っておいてもらうことです。

**近所の人に知らせる場合**

　あなたが暮らしているコミュニティには，定期的に関わりのある人た

ちがいるでしょう。週に2,3回は郵便配達の人に会ったり，地元のクリーニング店で挨拶を交わしたり，時折，角の店の店員と会話したりすることがあると思います。そういう人たちに対して，あなたの子どものセクシュアリティに関する話をしなければならない理由はありません。それが，うわべだけのつき合いならなおさらです。会話をしているうちに，あなたの子どもがゲイであることをほのめかす返答をすることになってしまったら，正直に話そうと決めても構いません。こうしたやりとりや，それにどう対処するかという判断は，時と場合によります。わけもなく率直に答えられるときもありますし，その場はとりつくろっておいて，今まで通りにした方が簡単だと思えるときもあるでしょう。あなたの子どもも，毎日の生活でこれと同じ経験をしています。だからあなたが，自分の個人的な経験の範囲内で直感に頼ったとしても，まったく問題ありません。

　覚えておいてほしいのは，あなたは未知の領域に乗り出そうとしていること，そして，言いたくないことなのに人に話さなければいけないと，負担に感じなくてもいいということです。ある状況では秘密にしておくと決めても，そのうちに，話してもいいと思うようになるかもしれません。この新しい情報を，あなたがどれだけ時間をかけて処理するか，誰にも決めつけることはできません。あまり深く考えずに，辛抱強くしていることです。子どものことを誰かに打ち明けるときには，そんなに大げさな話にしなくてもいいということも覚えておいてください。話をすれば，相手の反応が分かります。それで，気詰まりな思いをすることもあるでしょう。けれども，そういうものなのです。物事がすんなりと進むようになるまでは，時間をかけて待たなければなりません。どんなに気詰まりな会話だったとしても，時間が経てば，その気持ちは薄れていくでしょう。

| 子どもの側から | ダン（29歳） |

## 一人が知ったら，みんなが知ることになる

　誰か一人に何かを打ち明けるのは，世界中に言ったのと同じことだと言いますよね。さて，僕がカミングアウトをしたときにも，似たようなことが起こりました。そのとき僕は17歳で，ノースカロライナ州のわりと小さな町にあるハイスクールの最上級生でした。父はユダヤ教のラビ（訳注：ユダヤ教の宗教的指導者）で保守再建派の活動に関わっています。また母は，国語の教授をしています。母については，僕がカミングアウトする前には，「女性と文学」とか「ゲイとレズビアンの文学」とかの科目を教えていたということも付け加えておきましょう。つまり僕には，おおむね理解のある両親がいたわけです。

　僕は，自分にその心構えができたときや，どうしようもない状況に立たされたときでもない限り，誰にも言わないつもりだったのです。けれども，そんなわけにはいかないと知っておくべきでした。僕が母にカミングアウトしてから数時間後に，母は父に話してしまったのです。そのほかの人に話が伝わるのは時間の問題でした。両親にカミングアウトしてまもなく，両親は何人かの近しい友人に話をしました。そのうちの一人のデボラは，父のシナゴーグ（訳注：ユダヤ教の会堂）によく来る人でした。僕がカミングアウトする前から，デボラとは特に親しくしていて，過越の祭（訳注：ユダヤ教の祭礼）や，ハリケーンの襲来など，重要な出来事があったときにはいつも一緒にいました。言ってみれば，僕の両親の母親代わりみたいな人です。デボラは僕たちに知恵を授け，困ったときには手を差し伸べてくれました。だから僕の両親が早い段階でデボラに打ち明けたのは，まったく何の不思議もないことだったのです。

　信徒の一人が僕の性的指向を知ったことで，信徒のほとんど全員が知るところとなりました。それには，ユダヤの文化もある程度関

係しています。つまり，誰かに言えばその人はグループに話し，今度は別の人が別のグループに話す，その繰り返しということです。今実家に帰ってみたら，僕の知っている人も知らない人も，僕が男性に魅力を感じる人間だということを何となく耳にしているのに違いありません。

　けれども，ほかの人が道を見つけてくれたおかげで，すぐに僕は自分のセクシュアリティに自信を持つようになり，自分がゲイであることを人からどう思われようと全然気にしなくなりました。正直に言うと，ほかの人に知ってもらえたことで，ずっと安心することができました。僕の両親が信徒の間にニュースを広めてくれたことで，この小さい保守的な町のゲイであること，ユダヤ人であることに対する考え方を変えるきっかけになったと思っています。そしてこのことは，カミングアウトを考えているほかの人たちの助けにもなることでしょう。

　感謝祭のローズマリーポテトや，ハヌカー（訳注：ユダヤ教の祭礼）のラトケス（訳注：ユダヤ教の伝統料理）を楽しみに（もちろん，家族に会うことも）実家に帰ったときには，必ず礼拝に行くようにしています。この数年間で，僕がゲイだということを，信徒のほとんどの人が知るようになりました。けれども時々，かわいらしいユダヤ人の女の子の隣に座らせようとするご婦人方にも出会います。その人は多分，僕の話を知らないんでしょうね。

## Q. 子どもが，私の配偶者にはカミングアウトしたくないと言います。どうすればいいでしょうか？

A. あなたにはカミングアウトをしたのに，子どもがあなたの配偶者や，あなたにとって大切な人にはしていないという場合には，さまざまな理由が考えられます。最もよくあるのは，あなたとは個人的なことで

も気楽に話せるけれど，あなたのパートナーには受け入れてもらえないと考えているからという理由です。そこで，このデリケートな状況を乗り切る第一段階として，子どもと話し合い，何か計画があるかどうか聞いてみましょう。あなたから，パートナーに最初に話をしてもらいたいのかもしれないし，自分から話せる自信がつくまで待っていてもらいたいのかもしれません。子どもの気持ちやニーズを考え，その一方で，あなたとパートナーとの信頼関係も尊重した上で，一緒に計画を立てましょう。

　子どもが，あなたの配偶者と話したくないという場合，代わりにあなたから話してほしいと頼まれることがあると思います。だからといって，あなたの配偶者とまったく話をしたくないというわけではないのです。カミングアウトするとき，最初の言葉を口にするのが大変だというのはよくあることです。子どもは，最初の一歩を踏み出すのをあなたに手伝ってほしいと考えているのです。子どもには，あなたの大切なパートナーに告げるつもりだと説明してやってください。ただそれと同時に，事実を打ち明けたあとで，子どもとパートナーとが直接，お互いに話し合うように協力することも伝えましょう。子どもから話したいことがあるようだと，あなたのパートナーに知らせる場合，最初にカミングアウトする瞬間がどれだけ大変なことかを，はっきりと告げ，子どもが最初に打ち明けなかったのは，親として失格だという意味ではないこと，何より子どものことをサポートしてやるのが一番だということを知らせてください。あなたのパートナーの方から子どもに歩み寄って，肩に手を置き，「どんなことがあっても，お前のことが大好きだよ。してほしいことがあったら，そう言って」と言うだけでも構いません。大切なパートナーと子どもとの間にどんな絆が結ばれているかによっては，もっと微妙なやりとりになるかもしれませんが，それはそれで大丈夫です。子どもを支えると，パートナーが言葉や態度で表し，子どもの方でもそのことを感じ取ってくれるのなら，それであなたの仕事はおおむね終わったと言えます。

　子どもから，パートナーに知らせないでほしいと頼まれたときには，

この状況でのあなたの立場をはっきりさせるために，さらに対話をする必要があります。信頼して辛抱強く待つことは，カミングアウトのあとではとても大切なことです。ですから，「2，3週間すれば自分から打ち明ける勇気が出ると思う」と子どもに言われたら，待つことで，その希望を尊重してやるのがベストです。けれども，もし子どもが，あなたの大切なパートナーには絶対言わないでほしいと言うのなら，状況は難しくなります。パートナーが，子どもに対して協力的で，そのセクシュアリティも理解してくれるだろうと分かっているなら，あなたの生涯の伴侶に対してその情報を隠しておくことはできないと，子どもに説明してやるのがいいでしょう。「ためらう気持ちは分かる。急がなくていい」と言ったり，「話をするための最善の方法を一緒に考えよう」と持ちかけたりしてもいいですし，むしろそうすべきだと思います。ただ，家族という大きな単位の一員として，あなたが安心できるような計画を立てなければなりません。

　もしもパートナーが，実際に協力的ではないために，子どもがカミングアウトしたがらない場合，状況はちょっと難しくなります。それが事実なら，あなたは自分の心配を子どもに打ち明けることです。あなたのパートナーがこの情報を受け入れるのに苦労しそうだという確信があるのなら，パートナーは理解してくれるだろうと取り繕う必要はありません。子どもと話をして，状況ができる限り良くなるように，全力を尽してどんなことでもすると伝えましょう。そしていざその時が来たら，子どものそばにいて，感情をコントロールする手助けをしようと約束します。自分は愛されているという安心感を与えることは，カミングアウトの第一段階では非常に重要です。このような環境が，あなたと子どもとの間に少しの時間でも保たれていることが大切です。子どもから話をする（あるいは，あなたから話してもらう）準備ができたときでも，常に子どもを支えてやることを中心に考えてください。パートナーには，この事実を打ち明けられたときに起こる，さまざまな感情を経験する余裕を与えてください。最初の反応が，最後まで変わらないとは限りません。いたたまれない思いをすることでしょうが，子どものことを精一杯支えて

やってください。そしてパートナーに対しても，相手の話に耳を傾け，話し合い，その場にいる全員にとって最善の道を模索するためにあなたが立ち会っていることを知らせてください。パートナーと家族全体について話しましょう。そして，「親対子ども」という問題ではないということを理解してもらいましょう。

とはいうものの，パートナーと子どもの仲立ちをすることが永久的な解決策になるわけではありません。できる限り両方の手助けをしてやるのはすばらしいことですが，それでも限界はあります。あなたが仲立ち役をする場合でも，その状況について話せる誰かを見つけておくことが大切です。PFLAG（レズビアンとゲイの親，家族，友人の会）のミーティングに出席するのでも，親友や，一番仲の良い家族に頼るのでも構いません。一人でこの状況を背負い込むことはないのです。しばらくは，子どもとパートナーとの間でこのような状況が続くと思います。あなたは，子どものことを支え，できる限りパートナーに時間を与えてやりながらも，自分のことも大切にしてください。

## Q. ほかの人はどう思うでしょうか？

**ダニエルより**

以前，こんなことがありました。郵便局に駆け込んだとき，私は「Everyone Is Gay」のロゴが入ったTシャツを着ていました。私はあまり自分がゲイであることを喧伝したりはしないのですが，その日はちょうどTシャツが届いたばかりで，うれしさのあまり，自分がそのシャツを着ていることをすっかり忘れていたのでした。郵便局に着いたら，辺りの雰囲気は今一つで，私は笑いものにされたり，陰口をたたかれたりして，居心地の悪い思いをするのに違いないと覚悟しました。ところが，人生にはよくあることですが，うれしい驚きが待っていたのです。窓口に行くと，その向こうで女性が叫び声（文字通り，叫んだのです）を上げました。「『みんなゲイ』！　本当，私もゲイなんだよ！　私は男の人と結

> 婚したけど，とにかく私が言いたいのは，レインボーカラーが大好きだし，ゲイの人も大好きだってこと」。それから私たちは話をするようになり，私の組織のことをいろいろ聞かれました。そして数週間後には，Tシャツを携えてまた会うことになったのです！

**A.** 実際のところ，ほかの人があなたの子どものセクシュアリティについてどう思うかは，あなたがその状況に置かれるまで，知ることはできません。最初に話すときに，ちょっと居心地の悪い思いをするのは当たり前です。そしてあなたも，ゲイの子どもを持つ親として，カミングアウトを経験しようとしているのです。このことは，子どもとの関係でも，大いに役立つ経験となります。なぜなら，あなたが最初に抱く不安は，子どもたちがこれからの人生でカミングアウトしていくときに抱く感情とまったく同じものだからです。私たちは，自分の子どものセクシュアリティの話を人にするときには真面目な態度をとらなければいけないと考えがちですが，必ずしもそうとは限りません。ほかの人があなたの子どものセクシュアリティについてどう思うかをコントロールしたり指図したりすることはできませんが，ちょっと不謹慎かな，と思うくらいの会話をするという方法をとることも可能です。あなたの感じたままに話をしてみましょう。あなたは，自身が混乱していて，誰かに話を聞いてもらいたい，助言をしてほしいと思ったら，そういう心情をくみ取ってくれそうな人に声をかけるでしょう。深刻な調子で話し始めたとしたら，深刻に答えた方がよさそうだと思われてしまいます。会話は，特定のときに，特定の方法でしなければならないと思わないでください。今がその時だと思ったのなら，水曜日の夕食にスパゲティ・ミートボールを作っている最中の親友をつかまえて話しかけてください！　実際，こうした情報の受け取り方は人によってさまざまなものですが，相手からの正直な反応と質問とにきちんと応える気持ちでいれば，その人も安心するだろうと思います。

　ある人は，少しも騒がず，完璧な受け答えをしてくれるかもしれませ

ん。そして，あなたにとって意義深い質問をしたり，自分の子どもについて話してくれたり，手伝ってほしいことがあればいつでも言ってほしいと申し出てくれるでしょう。

　カタリナの息子のジョンは15歳のときにカミングアウトしました。そのときに，以前はゲイのコミュニティをあまりよく思っていなかった友人たちから，とても頼りになる言葉をもらったと言います。友人の多くは，ジョンのことは幼い頃から知っていたので，ジョンはゲイなのだと気づいていたのでしょう。「友だちはみんな，ジョンのことをとても大事にしてくれています」とカタリナ。
　またある人は，すぐに手を差し伸べてくれるわけではなく，あなたの気持ちを害するような意見や質問を口にすることがあるかもしれません。そういう質問にはできる限り答えるようにして，重圧を感じたり，受け身の姿勢になったりしないように努めてください。誰かが「ええと，マシューは一体どうやって自分がゲイだと気づいたんだい？」と聞いたら，ちょっと頭に来るでしょう。そういう質問に対して，「どうやって知ったかなんて関係ない！　私はマシューを愛している。それが重要なんだ！」と怒鳴り返したくなるかもしれません。このようなときには，あなたもこれと同じような疑問を持ったこと（この本でも取り上げていますよ！），そして，これは，自分の子どもや自分だけではなく，誰もが経験するプロセスであることを思い出してください。このような人たちにも，ちょっとだけチャンスを与えてください。すぐに心を閉ざして，話をやめてしまわないように。あることに対しては，あなたが傷つきやすくなっていることを説明してください。あなたも自分の子どもを支えるための旅をしているのだと話してください。辛抱強く。完璧とは言えない反応であっても，思いやりのある，ゆるぎないサポートへとつながる道への第一歩となることもあるのです。
　あなたやあなたの子どもの生き方と根本的に相容れないという人と話すことがあるかと思います。このような場合には，相容れないことを認めるのが一番です。そういう人たちからあなたやあなたの子どもが，特

定のやり方で信念や行動を押し付けられるのでないなら，このような関係の中からでも親愛や敬愛の情を育むことは可能です。しかし，誰かがある人の信念に従うように強制されることがあれば，それは大きな問題で，あなたたちが関係を続けていく上での障害となる可能性もあります。とにかく，すべての人から回答をもらえることを期待しないように。ほとんどの人は，異なる考え方について話し合うための心の余裕がないのです。自分が傷ついていると感じるなら，あなたの人生の支えとなる，愛情深い人が必要なときです。あなたが昔から知っている大切な人たちのすばらしさを噛みしめましょう。

　結局これは，あなたと子どもとの双方に関わっていくことです。あなたと子どもが必要とする愛情と支えとを与えてくれる人たちに，なるべく多く囲まれていられるように努めてください。

## この章のまとめ

＊

　あなたがほかの人に，子どものセクシュアリティについて話そうとするとき，あなたもカミングアウトを経験することになるのです。そうしてあなたは，子どもがどんな気持ちでほかの人にカミングアウトをしたかを感じることができるのです。

＊

　子どもと，自分のセクシュアリティをほかの人に打ち明けたいと思っているか（そして，その方法）について話し合ってください。

＊

　子どもを支え，同時に，非協力的な配偶者に対して辛抱強くあり続けることができます。そんなときも自分のことを常に大切にしてください。

＊

　友人や家族など，ほかの人も，このことをプロセスとして経験することになります。最初の反応が完璧とは言えないものであったとしても，チャンスを待ちましょう。そして，自分から進んで相手からの質問に答え，相手が気になっていることについて話し合いましょう。

＊

　あなたと子どもを支えてくれる人たちのコミュニティの中にいられるように最善を尽くしましょう。

## 第4章

# 子どもの将来

親であれば，子どものセクシュアリティとは関係なく，子どもの将来や，子どもの可能性を伸ばしてやる方法や，ここ数年で子どもの生活がどんなふうに変化するかなどについて心配するものです。けれども，あなたの子どもがカミングアウトした場合，こうした疑問が，先の見えない，自分には手に負えないもののように思えてきて，打ちのめされそうになることがあります。差別とか，職業の選択とか，家族を持てるかどうかとか，すぐに答えの出ない疑問が湧いてきて不安になることがあるでしょう。子どもの将来を心配するのは，親として当然の務めです。ゲイの子どもを持つ親になる気持ちというのは，なかなか理解できないものですし，多くの人にとってまったく新しい経験であり，それに対処する心構えができていないと思えるものです。

　あなたやあなたの子どもにも，そして私たちにとっても幸運なことに，この世界は良い方向に成長し，変化しつつあります。これまで以上に，あなたの疑問を解消してくれる多くのサポートを得られるようになりました。このような不安をくぐり抜けていくとき，あなた自身が学び，子どもと将来について話し合うのは，とても重要なことです。外の世界からのサポートを求めることも，大きな助けとなるものです。将来どんなことが起こるか，極めて正確なビジョンを描き出すことができるわけではないものの，孤独感や困惑はいくぶん和らげられることでしょう。結局あなたの子どもは自分の人生を歩んでいくのですが，その間もそばにいて支えになり，愛情を注ぎながら，導いてやることはできます。オープンに話し合い，より明確な将来像を描き出すのに役立つ情報を集めることに集中してください。そうすることであなたの不安は和らぎ，子どもと一緒に，期待に胸をふくらませながら，素直に将来を見つめることができるでしょう。

> **Q.** うちの子がこんなふうになったことを，どう受け止めたらいいでしょう？

**ダニエルより**

母は，首を振りながら，「でもねえ……そんなにきれいなのに」とか，「これからどうするつもり？」とか，一体何度言ったことでしょう。私には，母の言っていることがさっぱり理解できませんでした。きれいなゲイじゃだめなの？　ゲイは幸せになれないって言うの？　ゲイには明るい未来はないの？　けれども私は気づいていました。母は，私の成長を目にしながら，頭の中で私の将来を決めつけてしまっていたのです。それを振り払うのはとても大変なことだったのでしょう。ほぼ20年をかけて，私の将来をかなり具体的に思い描いてきたのに，たった一つのこと，私がゲイであるために，それがすっかり変わってしまったわけです。私が女性に引かれるようになったという事実のせいで，母が思い描いた私の将来は崩れてしまいました。私がこれからどんな人生を歩むのか分からなくなった母は，とても苦しんでいました。

**A.** 将来自分がどんな人間になるか，はっきりと見えることなどめったにありません。そして，そのような将来像が一生変化することなく，それに合わせて正確に人生が展開していくということもまずないでしょう。人生では，ルールブックや，ガイドラインや，期待からはずれるようなことは当たり前に起こります。私たちは，自分が人生のある特別なときに差しかかったことに気づき，「こんなこと予想もできなかった。それでも私はここにいる。今となっては，ほかのあり方なんて絶対に考えられない」と思うことがよくあるでしょう。この新しい現実に何度も順応しながら，私たちは，いつもこんなふうだったとか，最初からこうなるはずだったとかいう感覚を持つのです。

　人生にはこのように紆余曲折があるものですが，特に面倒なのは，何か新しいことや，予想も想像もしなかったことに初めて出合ったときで

す。ミシェルの娘のゾーイは18歳でカミングアウトをしましたが，ミシェルは自分の娘がハイスクール時代にいろいろな男の子とつき合っていたのを見ていたので，ゾーイの将来はこんな感じだろうという明確なイメージを持っていました。「ゾーイが立派なお母さんになって，すてきな旦那さんと，たくさんの子どもと，犬に囲まれて暮らしている様子が目に浮かびました」と説明しています。「次はどうなるかが分かったつもりになっていました。ところがそこに，まったく違った将来像が現れたのです」。あなたにも，子どもが成長するのにつれて，将来の姿を思い浮かべた経験があると思います。確かに，そのような将来像はあなたの周囲にあるものや，あなた自身がこれまでに経験したことによって決められたものです。そうやってできた将来像の中には，あなたが子どもたちの年頃に，やり遂げられればいいのにと思ったことと一致するものもあるでしょう。子どもが，何かの科目を勉強し，ある決まった服装をして，結婚をして家族を持ち，仕事で成功を収める場面を想像したかもしれません。あなたがゲイでないのなら，子どもがゲイになることなど想像しなかったでしょうし，知人にゲイの人がいなければ，ゲイという可能性を考えに取り込む術もありません。私たちに考えられるのは，自分が知っていることだけです。ですから，「ゲイ」としての将来がどんなものかを知るようになるほど，あなたの感情的混乱も次第に静まってくると思います。

　まず，あなたの子どもの将来像が混乱してしまうのはなぜか，その理由を自分に問うてみてください。あなたが将来を不安に感じているのは一体なぜなのかをよく考えてみるのです。たとえば，子どもが家に連れてきた相手が，あなたが最初に思っていたのとは違う性別の人だからでしょうか？　それとも，子どもの性的指向を，家族や，行動や，服装や，政治や，宗教など，ほかのあらゆる事柄と結びつけたからでしょうか？　もつれてしまった感情のかたまりと格闘するよりも，子どもに対する見方を一つ一つ解きほぐしていってください。息子が男の子を家に連れてきたとか，娘が女の子に恋したとか考えること自体が，最大の難関だというなら，あなたの最初の反応が，恐れや，混乱や，不確かさであるの

は当たり前だと知っておいてください。最初から完璧な反応をして、支えになってやろうという気持ちになれるわけではないのです。最初に抱いた感情や恐れに対して、辛抱強くいてください。あなたの子どもの新しい（そして、常に変化する）将来像に対応するためのツールを用意してください。あなたに必要なのは、新しい将来像にどんな意味があるのか、どのようなものなのか、どんな感じがするものなのかについて知っておくことです。

　新しい家族構造や、その他LGBTQの人たちのさまざまな人生経験についてもっとよく理解するためには、いろいろな方法があります。本を読んだり、ドキュメンタリー番組を見たり、同じような経験をしている人と話をしたりすることはいずれも、自分の感情に取り組み、熟考していく上ですばらしい方法です。こうした活動に積極的に参加することで、このプロセスにうまく対処し、あなたの子どもの将来像をもっと柔軟に思い浮かべられるようになるでしょう。資料一覧（199ページ）に紹介したビデオや本などの資料が役に立つだろうと思います。

　子どものセクシュアリティを、子どもの将来のアイデンティティというパズルの、その他数多くのピースと一緒にはめ込もうとするのは、ちょっと待ってください。

　子どものセクシュアリティが、子ども自身を形作っているその他の要素に必然的な影響を与えているわけではありません。セクシュアリティによってその人の家族構成や昇進への道が影響されることもありますが、必ずそうだとは言い切れないのです。子どもの将来像について考えるとき、たとえ子どもがゲイでなくても、何を願い考えているかに驚かされることはあるはずです。

　こうしたもっと幅広い疑問が湧いてきたとき、子どものセクシュアリティによって、宗教や、政治や、家族に対する関心が、何らかの形に決めつけられてしまうのではないかと思うよりも、子どもと話し合うことが一番です。とにかく子どもに聞いてみてください！　家族や仕事についてどう考えているかを尋ね、どんなことから刺激を受けているかを確かめてください。そしてその反応を基に、子どもの将来像を思い描いた

り，修正したりしましょう。人生のあるときに自分の刺激になったものと，別のときに刺激を受けたものとが，まったく違う場合もあるということを覚えておいてください。今この瞬間を生きている子どものことを十分に理解するよう努力しましょう。私たちが思い描いている夢や希望は，時が経つにつれて変化するものです。ですから，自分が大切に思っている人の夢や希望や願いごとが変わっても，それを進んで受け入れなければいけません。そして，自分の気持ちを整理するために辛抱強くなることです。

## Q. 子どもの関心は変わるのでしょうか？

A. 多くの人にとって，カミングアウトは，セクシュアリティ以外のことにも関わってきます。そしてまた，自分を見つめ直し，新しい自分についての全体像を理解し始めるときでもあります。だからといって，がらりと関心が変わってしまうとは限りません。カミングアウトしても，趣味や，服装や，好みはまったく変わらないという人はいます。また，自分のセクシュアリティを表明する自信を身につけたことで，性別だけでなく，別の領域についても，本当の自分ではなかったことに気づく人もいるでしょう。あなたの子どもは，服装や，本や，音楽の趣味を変えたり，新しい交友関係を築いたりするかもしれません。こうした自己発見のためのプロセスは，とても個人的なものなので，人によってさまざまです。ただ，あなたの子どもが，バスケットボールをやめて突然演劇部に入ったり，黒いTシャツを着たがるようになったりしても，それをすぐにセクシュアリティと結びつけないことです。

　子どもが髪をショートカットにするとか，好きだったテレビ番組をもう見ないとか言い出すのに驚くかもしれませんが，よくあることなのです。あなたは自分の子どもについて，ある程度のことは知っていました。そして，どうしてそんな変化が起こったのか，なぜそれを予測することができなかったのかと自信をなくしているところです。子どもがどんな

旅を歩んでいるかによって，以前には考えられなかったような，劇的な変化と思えることも起こるでしょう。そういう場合には，一歩下がって，子どもがこれまでどんなふうに成長してきたかを見つめ直し，このような模索がもっと大きな全体の中の一部であると確かめることが重要です。子どもは新しいことへの関心をさらに深めていくこともあります。あるいは，本当の自分をはっきりとつかむまで，関心が移り変わっていくこともあるでしょう。ロビーは，15歳のときに家族にカミングアウトしました。最初ロビーは，カミングアウトという経験は「人生最大の転機」になるだろうと思っていました。そして，自分の人生のあらゆることを，新しい見方で見つめ直さなければいけないと考えたそうです。ところがしばらく経ってみると，自分の大部分が，カミングアウトする以前にどんどん戻っていることに気がついたのです。「カミングアウトしたからといって，一人の人間としての自分がまったく変わってしまうわけではないんですね」とロビーは振り返ります。「カミングアウトする前に興味を持っていたことは，やはり忘れられなかったのです」

　このことは，これまでに何度もお話してきましたが，ここでも繰り返しておきたいと思います。とにかく質問をしましょう。あなたの子どものパターンや行動が変わっていることに気がつき，子どものことをもっと理解したいと思うのでしたら，話しかけてみるといいでしょう（ぜひそうしてください）。質問するときには，あなたが子どもの変化をよく思っていないとか，それは「本当の」姿ではないと思っているような素振りを見せてはいけません。その代わりに，「それで，トッドとジェニファーとはどこで会ったの？　いい子たちみたいね」とか，「前はアディダスのスニーカーを履いていたけど，今度はコンバースなのね。履き心地がいいの？　それとも，カッコいいから？」とかいうふうな，自由に答えられる質問をしてください。子どもとこのような会話をしているうちに，変化の理由がよく分かってくるだけではなく，子どもの方でも，気にかけてもらっていると感じてくれるでしょう。

　それから，具体的なことは子どもたちに任せてください。「店員がみんな鼻ピアスやピンクの髪をしている店に行きたいの？」ではなく，「買

い物に行こうか。どこに行きたい？」と尋ねましょう。誰だって，自分のアイデンティティを，ほかの誰かの意見によって決めつけられたくないのです。実際に，子どもがピンクの髪にピアスの店員がいる店で買物をしたがっているとしても，あなたがそう言ってしまうと，子どもは自分が自立しておらず，一人で決めることもできず，セクシュアリティによって判断されている，と考えてしまうかもしれません。子どものために，あなたを驚かせるためのスペースを空けてやることです。

　そして最後に，あなた自身にも学ぶ余地を残しておいてください。子どもは，自分のアイデンティティを理解するのに一所懸命で，自分が変化したことをあなたがどんなふうに思うかなど，気が回らないものです。あなたが不安になったり，途方に暮れたり，もやもやした気持ちになったりしたら，子どもの，まったく変わっていないと思う部分について考えてみてください。情熱，価値観，きまりの悪いときに思わずするおどけた笑い，宿題をしながらペンをかちかちと鳴らすくせ，小さないとこに話すジョーク，そして，あなたが子どもからどれだけ愛されているか。こうした変わらないものを見つけ出して，しっかりと心に刻みつけてください。子どもにまた変化が現れたときに，しっかりしていられるように。これが互いの成長ということなのです。セクシュアリティと関係することもありますが，たいていは，あなたの子どもが自分の周囲の世界を発見していく過程なのです。

---

**子どもの側から**　　　　　　　　　　　　　　　　　　　　**ケイト (24歳)**

## 私の将来

　私は大学生のとき，両親への手紙に自分はゲイだと書きました。すると，両親から電話があり，2人ともどんなことがあっても，私のことを愛し，支えると言ってくれました。その言葉を聞いて，どんなに安心したことでしょう。私の性的指向について話したのは，

さらに1年ほど経ってからのことでしたが，私の人生の重要な部分を，何年もの間，両親から隠していた壁は，もう崩れ去っていました。
　電話の数日後，手紙が届きました。それが母からのものだと分かって，私は不安になりました。やはり私のことを受け入れてくれないのだろうか？　ガールフレンドを家に連れてきてほしくないのだろうか？　両親は信心深いから，そのことが引っかかっているのだろうか？
　しかし母が，直筆でノートの端から端までびっしりと書いた手紙を見て，カミングアウトをしたことは間違っていなかったと分かりました。そこには，どんなことがあっても，私のことを愛し，支えると改めて書いてありました。辛いことがあったときのために，紙に書いたものを持っていてほしいというのです。手紙の2枚目には，電話のあとで母が抱いた疑問が書いてありました。「セクシュアリティは，お前の将来の計画にどう影響するの？」
　その質問によって過去に引き戻されてみると，私は6歳のときにはもう，自分のことをゲイだと認識していました。そして，「人生を左右する決断」を下すと，そのことを念頭に置いた上でハイスクールに進学しました。実家から遠く離れた大学に進んだのは，そこが自分に合っていると思ったからでもあるし，私の知っている人たちの心配する声を耳にすることなく，自分の新しいアイデンティティを自由に追求することができるからでもありました。セクシュアリティについてもっと学べる講義をメインに履修し，文学作品の中での「クィア」の登場人物の描き方をテーマに研究プロジェクトも決めました。大学内のゲイ・ストレート・アライアンスの活動に参加し，ゲイの友人たちとの結束を固くしました。
　私の将来の計画は，確かに自分の性的指向に影響を受けています。それは，すっかりカミングアウトしてしまってからでも，私の人生の一大事とはならなかったのです。私は今でもスポーツをするのが好きだし，文学の学位を目指しているし，生涯をともにする相手が

いればいいなと思っています。
　けれども両親にとっては，カミングアウトによって，私の将来像についての考え方に，新しい情報が加わることになりました。私が突然，それまでいいと思っていたものを片っ端から否定し始めるのではないかと。そんなつもりはありませんでしたけどね。もっとも，ゲイの友人たちからクリスチャンであることをとやかく言われたことはあります。けれども，母から将来の計画について聞かれて，ゲイであることが自分の決定にどれほど影響しているかを，やっと真面目に考えるようになったのです。たとえば，時にはパートナーと手をつながずに歩かなければならない，州法を意識しながら職探しをしなければならない，私やパートナーは福利厚生を利用できない，などなど。そうこうしているうちに，私は活動家になることに関心を持つようになったのです。
　大学にいたときには，母には将来について答えませんでした。けれども，この数年母は，どこに住んで，どんな仕事をするかを決めてきた私の姿を見ていますから，答えははっきりしていると思います。私の両親は，私がどんな人と人生をともにしようとしているかを知っています。そして私のパートナーになる人は，私を愛し，支えてくれる人だとも分かっています。今では普通に家族の一員として扱ってもらっています。父からはボートを桟橋に正しくもやっておく方法を教わり，母からは，姉妹全員が揃った感謝祭の日にごちそう作りのスーシェフに任命されました。何より重要なのは，両親が私のパートナーに対し，姉妹の配偶者たちに対するのと同じように接してくれたことです。そういう意味では，私の将来の計画は，少しも変わっていません。仕事を続けながら，家族との結びつきを深め，自分の家庭も持ちたい。それが私の夢です。

**Q.** うちの子はバイセクシュアルです。今後ストレートになる可能性があるということでしょうか？

**A.** もしあなたの子どもがバイセクシュアルだと言ったのなら，それは多分，男性と女性の両方に魅力を感じていると言いたかったのだと思います。ここでいう魅力とは，肉体的なもの，感情的なもの，恋愛的なもの，そしてこれらが入り交じったものかもしれません。あなたが，「息子は，男女両方に恋愛感情を抱いていると言ったのですが，最終的には女性のことが好きになるということでしょうか？」と聞きたいのだとすれば，答えは「その可能性は確かにあります！」です。ただし，息子さんが女性と結婚することになったとしても，自分のことを依然としてバイセクシュアルだと認識している可能性も大いにあります。異なるジェンダーの人をパートナーに選んでいるからといって，その人が「ストレート」であるとは限りません。人生のその時点では，そのパートナーとその人のジェンダーとに関心があるということなのです。

この質問が，単に，バイセクシュアリティの意味することがよく分からず，混乱しているために発せられたのだとすれば，人によってその意味は違うということを知っておいてください。どちらかのジェンダーの人が好きだという人もいれば，どんなジェンダーにも引かれるという人もいます。また，一生を通じて，魅力を感じる相手が揺れ動くという人もいます。バイセクシュアリティは，語源的には男性と女性との両方に引かれることを意味しています。詳しいことは第7章で取り上げますが，「男性」にも「女性」にも属さないジェンダー・アイデンティティが存在します。「パンセクシュアル」という語は，バイセクシュアルと密接に関連するものとして，男性と女性のほか，さまざまなジェンダー・アイデンティティに魅力を感じる人を示すときに使われます。つまり，どんなジェンダーにも特定されない人のことです。好きなジェンダーが1つではないというのは，その人自身や，つき合っている相手によって変わるものではないということに注意が重要です。バイセクシュアリティ（そして，パンセクシュアリティ）というのは，関心を持つ相手がジェンダー

によって決定されるわけではないということなのです。

　あなたのこの質問は，子どもが異性とパートナーになる可能性が高くなることを期待しているのかもしれません。けれどもあなたが本来抱くべき疑問は，そもそもこのような期待をしたのはなぜか，そして，こうした考え方が子どもに対してどのように影響するかということです。多分あなたは，子どもの安全を心配していたり，将来の姿が思い浮かばず困っているのでしょう。確かにもっともな疑問です。ですが，このようなときに「私はお前にストレートでいてほしい」とか「男も女も好きだと言うなら，私たちみんなが安心できるようにしてくれないか？」とか，十把一からげの言い方はしないようにしてください。それは相手をひどく傷つけることになるのです。

　誰もがそうであるように，あなたの子どもにも，自分の感情や魅力をコントロールすることはできません。あなたの子どもがバイセクシュアルだと言ってカミングアウトしたのなら，魅力を感じているジェンダーが1つではないということです。そのことを覆い隠したりはできません。感情というものは，見えないところに追いやっても，再び現れたときにはさらに強くなっていることが多いのです。1つのジェンダーを選ぶように懇願したり，ほのめかしたりしても，子どもを怒らせたり罪悪感や疎外感を抱かせたりすることにしかなりません。

　とにかく，これまでに話してもらったことをさらによく理解できるように，子どもと深く関わることが大事です。子どもが「ストレート」の関係を始めたとしても，これでもうバイセクシュアルではなくなったのかと尋ねたりはしないでください。アイデンティティとは複雑なものです。子どもは，つき合っている相手によって自分のアイデンティティの一部が消されてしまったと感じ，気まずい思いや，誤解されたと感じることになるでしょう。子どもをもっと理解するよう努め，質問のしかたを考えてください。あなたの希望する答えに誘導するような質問をすることのないように。息子には，「親としてできる限りのことをしてやれるように，お前のそういう部分を一所懸命理解しようとしている。そして，お前のことがもっと理解できれば，お互いに安心できると思う。こ

れは私にとってのプロセスかもしれないけれども，その間どんなときでもお前のことを愛していると知っておいてほしい」というふうに，あなたの本当の気持ちや混乱について話すことができます。そして，あなたと子どもが協力して，お互いをよく理解するという共通の目標を目指しているという事実も伝えられます。

## Q. うちの子は，周囲と違っていると思われるのでしょうか？差別を受けるのではないかと心配です。

**クリスティンより**

父は私のセクシュアリティについて，宗教とか，政治とか，道徳とかに関わる問題だとは決して考えませんでした。そして，私の幸せだけを願っていると言ってくれました。ただ父は，私が苦労することになるだろうと心配していました。初めてそんな話をしたとき，私は17歳で，差別というものが私自身に対してどんな影響を及ぼすことになるか分かっていませんでした。私の周りの友人は，偏見のない人ばかりでしたし，私はニューヨークへ引っ越そうとしていました。そこには差別なんてないだろうと思っていたのですが，お察しの通り，それは間違いでした。ガールフレンドと手をつないでいると，たいていは，すれ違う人たちからまじまじと見つめられました。人前でキスをしていて，やじを飛ばされたことは一度や二度ではありません。次第に，私には結婚する権利をはじめとして，基本的な人権を行使できない場所が数多くあるのだと気がついたのです。この経験から私は2つのことを学びました（そして，今でも学び続けています）。まず，私の父は正しかった。予想からはずれたことをする人間は，苦労するということです。そして，こうした経験のおかげで，私は自分でも想像もしなかった人間になることができました。今でも「違っている」と思われていることに気がつくと，いらいらさせられますが，紋切り型の発想に対抗する術を学び，ほかの人たちをもっと深く，微妙なところまで理解するようにもなりました。困難な道だと思えると

きでも，何かヒントが見いだせるのではないかと考えるようにしています。

A. 「違っている」という見方をされたら，ネガティブな考え方に偏りがちになるものです。あなたは，子どもが，ほかの人からの扱いのせいで，自分のことを重要ではない，取るに足らない，ほかの人よりも劣った人間だと思ったりしないようにと願っているでしょう。そして，子どもが，セクシュアリティとは関係なく，自分の夢を追い求めていってほしいと思うでしょう。私たちはあなたに，「心配しなくとも大丈夫，あなたの子どもはゲイとして成長する間，仲間はずれにされることも，基本的な人権を求めて戦うこともなく，自分のアイデンティティについてはっきりと正直に口に出すことに迷うことなく，あらゆることを乗り切っていけるでしょう」と言えたらどんなによいでしょう。けれどもそんなことを言っても，嘘になってしまいます。私たちは惑星のように，あなたの子どもがこれまでよりももっと平等に暮らせる世界へと向かう軌道に乗っています。けれども普通の人たちの間には，いろいろな要因に基づいて，「違っている」と見なすような人が必ずいるものです。

多分あなたは，セクシュアリティのことに限らず，誰かから「違っている」と思われるような経験をしているだろうと思います。人は誰でも，普段から何らかの形でこのような経験をしているものです。あなたが女性だったら，誰かに（たいていは善意からなのですが）重い荷物を持ってあげましょうかとか，縦列駐車を「お手伝い」しましょうかとか言われた覚えがあるでしょう。これは，私たちのアイデンティティによってほかの人の意見がどのように決定されるかを示す一つの例に過ぎません。あなたの子どもが，もしかしたらゲイであることに直接関係するものでなくとも，普段の生活ですでに何らかの形で差別に遭っているということも考えられます。親として，自分の子どもには人から憎まれるようなことがあってほしくないし，平等な権利を与えられた世界で暮らしてほしいと思うものです。そういう心配をするのは無理もありません。

このような心配に，あなたの子どもがすぐに共鳴するとは限りません。

子どもに，将来どうなるかについてあなたが考えた項目一覧を見せてやっても，あなたと同じ心配をしてほしいと考えても，何の役にも立たないでしょう。それよりもまず，あなた自身のこうした不安に対処することです。「あとになって」「その時が来たら」取り組むことになるような心配事は，気にするまいとしてもなかなかうまくいきません。そして，将来どんなことが起こるだろうかとあれこれ考えて，何度も眠れない夜を過ごすことになりかねないのです。

　差別に対するあなたの心配を，社会と法律という，2つの点からとらえるようにしてみましょう。社会的な差別というのは，あなたの子どもが，公の場で「違っている」とか，不適格であるとかいうふうに見られたり，そのような思いをさせられたりする場合を言います。これは，あなたの子どもの心や体に関する差別と言えるでしょう。このような差別を受けると，子どもは，人からジャッジされることなく，安心して暮らせるように，自分のその部分を隠さなければいけないと感じ，危険な状態になることもあります。また法律上の差別というのは，セクシュアリティを理由に，職業，住居などの基本的な人権を否定される場合を言います。

　社会的な差別について，どんな経験をしているかを普通に子どもと話すのが一番です。そうすることで，子どもがコミュニティの中でどんな気持ちでいるか，どんな問題に直面しているかを知ることができます。子どもの幸福と安心を願っているということを知らせておくのがいいでしょう。たとえその時点では十分に理解してもらえなくとも，あなたが子どもの支えになっていること，子どもが幸せになれるよう願っていることは，分かってくれると思います。あなたの子どもには，「安全に」と言ってやるよりも，自分の周囲の環境に気を配るようにとアドバイスすることです。子どもが一番安心できるときはいつなのか，どんな場所で居心地の悪い思いをしているのかを聞いてみてください。そして，あなたが誰かに傷つくようなことを言われたときにどうやって対処しているか，どんな行動や格好をしたときに人からまじまじと見られたか，子どもと話してみてください。このようなとき，実は「適切な」対処法と

いうものはありません。ただ，可能性について話し合うことで，子どもは，似たような状況に直面したときのための心構えができたと思うでしょう。言葉に傷つけられたり，じろじろと見られたりしたときには，強い気持ちを持ち，穏やかな心の状態を保つことが重要です。子どもが自分のアイデンティティに対して自信を持ち，安心できるようになるほど，こうした状況にも対処しやすくなります。子どもに話し合おうと促してみましょう。広いコミュニティの中で，人からジャッジされているような不安な気持ちにさせられたときにはいつでも，あなたが耳を傾け，できる限りの支えになることを知らせてやってください。

　法律上の差別については，知識が力となってくれます。LGBTQの権利に関することは，ついていくのが難しいほどの速さで変化しています。それでも，インターネットのニュースフィードや，ソーシャルメディアなど，絶えず変化する状況を伝えるさまざまな情報源から，最新情報が配信されています。雇用差別，結婚，養子縁組，医療に関する現状について，法律をよく調べてみてください。差別を禁止する方針は，私たちの権利を守る上でとても重要です。また，自分の職場ではどんな方針が定められているかを確かめると，こうした問題の複雑さを知っていく上での大きな助けとなるでしょう。学校や職場での方針は，広く行われている差別から権利を保護するために，まだ十分なものだとは言えません。そうした方針の中では具体的で包括的な言葉を使うことが肝要であり，セクシュアリティ，ジェンダー，宗教，人種，ジェンダー・アイデンティティ，障害などの語を含むべきだと思います。この本の205ページには，この世界での法律上の差別と戦う組織の資料を載せました。これらの資料を活用して，LGBTQに関する法律的な状況についての知識を身につけ，さらに多くのことを学んだら，具体的な事実を子どもと共有してください。子どもは，すべての情報を取り込むことはできないかもしれませんが，自分の周りの世界で何が起こっているかをある程度詳しく知ることで，もっと知りたいという気持ちになるでしょうし，成長するにつれて，そうした知識が大いに役立っていくはずです。

親の側から　　　　　　　　　　　　　　　　　　　　メアリ（48歳）

## 娘には，自分には何もおかしなところはないと知ってほしい

　パリサは私の一人娘です。娘の誕生は，私にとってとても意義深い経験でした。私はいつでも，娘のすぐそばにいてやりました。パリサはまだ幼い頃，4歳から5歳くらいだったと思いますが，自分が男の子だと意識するようになりました。いろいろなことがあったのは知っていますが，心配はしていませんでした。パリサは私の子どもですから，今までと同じ接し方をしました。成長したパリサは，女の子の服装をするのを嫌がりました。必ずしも「おてんば」だからというわけでもなく，女の子がするようなこともあまりしなくなったのです。女の子や女性として扱われるのが嫌そうなのは何となく分かりました。だから私はただ待ったのです。そのまま，自分の子どもとして接しました。しばらくは，変わったことは何も起きませんでした。

　私が育った頃のメリーランド州はまだ田舎で，ゲイだということが分かったら，学校でいじめられただろうと思います。多くの差別と偏見があった時代です。周りにはゲイの友人が大勢いましたが，みんなそのことを秘密にしていました。そのことが分かったら，学校で差別されたり，暴力を振るわれたりしたでしょう。今は，カリフォルニア州北部に住んでいますが，アメリカの中でも特にゲイに対して理解のあるところだと思います。ですから，いじめられるとか，暴力を振るわれるとかいう心配は，そんなに差し迫ったものと感じていません。むしろ，パリサが自分のことを何だかおかしいと思うのではないかと，気が気ではなかったのです。そこで，誰にもパリサのことを決めつける権利はないのだというメッセージを，それとなく伝えるようにしました。お前は自分がなりたい人間になればいい。そう何度も繰り返しました。「ところで，自分をゲイじゃ

ないかと思う？」とは言いたくありませんでした。このことを，これから起ころうとしているさまざまな出来事の中に含めることができなかったのです。私は，何が起ころうとも，パリサがありのままの自分でいられて安心していることを確認したかったのです。

　パリサがソーシャルネットワークを始めたある日，フェイスブックで知り合った全員に自分はゲイだと発表しました。私自身は，パリサの口からは聞かされていなかったのに。それでパリサに「今日フェイスブック見たよ」と言ったのです。すると，「ああ，何となく知っていたでしょ。だから大した話じゃないと思って」と答えました。パリサには外に向かって訴えたいことがあって，それを実行しただけのことです。それ以来，気にすることはまったくなくなりました。パリサはやはり私の娘なのです。

　「娘さんがストレートだった方がいいのではないですか？」と質問されたことがあります。おかしなことを聞くなあ，と思いました。私にとって一番いいのは，パリサがありのままのパリサでいてくれることです。セクシュアリティのことは関係ありません。けれども，世界には，ゲイを受け入れてくれないところもあるのです。私はパリサに，人々が寛容なこの場所で育ったのはとても幸運だったということ，だが，どこへ行っても同じように接してもらえるわけではないから，時には注意しなければいけないことをはっきり伝えました。パリサが引っ越したなら，その場所の様子を知る必要が出てくるでしょう。

　パリサは17歳ですが，30歳くらいに感じられます。すっかり大人びて，自立心が強く，自信にあふれ，分をわきまえているかのようです。私が17歳だった頃よりもずっとしっかりしていますね。よくやっていると思います。パリサは，いろいろな人とつながりを持って関係を作り，これからは支援グループを組織しようと決心しました。同性愛者であることよりも，ストレートもゲイも関係なく，多くの人と仲良くなる力を持っていることが大切だと思います。ゲイであることがパリサという人間を定義しているとは思いませんが，

> あの子はパリサであるのと同じくらいにゲイでもあるのです。愛すべき，すばらしい子。それがパリサです。たまたまゲイだった，というだけのことです。

## Q. 将来，家族を持てなくなるのではないでしょうか？

A. 最初にカミングアウトするときには，結婚したいとか，子どもを持つとかいうようなことを意識していない場合が多いものです。たとえそのつもりがあったとしても，そのような願望や希望や想像は人生を歩んでいく間に変化していくことはよくあります。もしあなたが，子どものセクシュアリティとか，それによって子どもの将来の家族構造がどんな影響を受けるのかなど心配になってきたのなら，まず3つのことに注目してください。1つ目は，私たちが「家族」と言うとき，それはどんな意味を持つかということ。2つ目は，私たちの希望が，私たちが愛する人の希望やニーズとまったく同じパターンで重なってくるわけではないということ。そして3つ目が，支援や法律に関わる状況が，特定の家族構造には影響を及ぼす可能性があるということです。

家族とは，異なるジェンダー同士がパートナーとなり，子どもは平均2.5人，ピクルスという名前のとても愛らしい飼い犬がいるもののことではありません。これはこれですばらしい「家族」(特に，犬のピクルスがいいですね) でしょうけれど，人によってさまざまなとらえ方ができる一つの言葉の一つの定義でしかありません。簡単に言えば，家族とは，互いに愛し合っている人たちが作るものです。父，母，子ども，孫の世話をする祖父，祖母，里親，結束の固い友人同士のグループが，人生の良いときも悪いときも，互いに支え合って生きていく。これらすべての構造が家族を作り出します。

子どもは，あなたが選んだのとまったく同じ家族構造を選ぼうとはしないかもしれません。そして，家族の意味についても違った考え方をす

るかもしれません。その考えは，永久に変わらないかもしれないし，人生を歩む間に出会う人によって，移り変わっていくかもしれません。あなたが，お互いの違いを不安に感じたときにできる最善のことは，子どもと自由に話す機会を持つことです。その際子どもには，あなたの希望に合わせるとか，これからの人生にどんな希望を持っているかを正確に「知っておく」とかいうプレッシャーを与えないでください。とにかく話しかけることです。そして質問をしてください。あなたが一番気にかけているのは子どもの幸福だということ，あなたが前から思い描いていた子どもの将来像に合わせる必要はないということを，はっきりと言ってやりましょう。家族についてのあなたの考え方を，選択肢として示さないこと。子どもには，セクシュアリティとは関係なく，いろいろな形の家族を持つことができると，注意深く伝えること。

　子どもがいつかは結婚をしたいとか，自分の子どもがほしいとか思っているのなら，そのための多くの選択肢があります。同性婚の法律が可決されることが多くなっているし，養子縁組に関する法律についても同様です。多くのカップルが，ゲイの結婚を合法とするところで結婚をしていますし，ゲイの結婚が法律ではまだ認められていないところでは，代わりに誓約式を行っています。こうしたカップルが，養子を迎えることもあります。また，2人とも子どもを産めない場合には，血のつながった子どもをもうけるために，代理出産を依頼したり，パートナーのどちらかが子どもを産める場合には，精子提供を受けて妊娠するという方法もあります。ゲイだからといって，パートナーとの誓約や，家族を持つ選択肢が，除外されることはありません。

　子どもを愛し，支え続ければ，子どもは将来どんな家族を持ちたいか気楽に話せるようになります。そういう会話は，あなたが子どものことをもっと理解するだけではなく，重要な決定をするときの助けになり，子どもにとってなくてはならない存在であり続けるために役立つでしょう。幸せというのは，人によってさまざまです。子どもが，あなたが夢見ていたのとはまったく違う方法で幸せを見つけたとしても，それを受け入れられるように努力してください。そして，あなたからの愛情や支

えがあるからこそ，子どもは，一層はっきりと自分自身を理解し，幸福へと通じる道を着実に歩んでいけるのです。

## この章のまとめ

*

　子どもとできる限り将来について話し合ってください。セクシュアリティが原因で，できなくなってしまうことがあるとは考えないでください。

*

　自分の未来に対する見方は成長するにつれて移り変わっていくものです。不変であったり，予測可能であったりはしないのが普通だと理解するようにしましょう。

*

　子どもに，どんなふうに差別を経験したことがあるかを聞いてみてください。日常生活での経験を理解することは，視野をさらに広げるのに役立つでしょう。

*

　「家族」観は人によってさまざまです。子どもとあなたとでは，家族に対する考え方がいろいろな点で異なっていると思います。けれどもそれは，子どもが自分の幸せを見つけようとしていないという意味ではないのです。

*

　子どもには，あなたが一番に考えているのは子どもの幸せだということを必ず知らせてください。ただそれは，あなたが考える子どもの将来像にぴたりと当てはめることとは違います。

# 第5章

# 性教育について

親たちの中には，子どもたちとセックスについて話すのが全然気にならないという人がいます。けれども多くの親は，とにかくセックスに関わる話というとしり込みしてしまい，子どもと同様，そういう会話になるのを恐れるものです。けれども，セックスの話を気楽にできようが，居心地が悪いと思おうが，今あなたが直面しているのは，あなたがほとんど，あるいはまったく経験したことがないかもしれない種類のセックスの話です。これは難しい状況になるかもしれません。自分の知らないことには怖じ気づいてしまうことがあるからです。

　この章は，セックスに関して，よくあるゲイのコミュニティに対する誤解を解くのに役立つと思います。また，あなたの子どもと，もっと気楽にセックスの話をするためのきっかけになるかもしれません。知っておけば，あなたの子どもに対してオープンになることができます。子どもに対して気楽にセックスの話ができるようになれば，子どもの方でも，自分が抱えている疑問や不安を打ち明けやすくなるでしょう。10代の子どもたちに聞いてみると，セックスについての決断には，親からの影響が一番大きいと言います。確かにあなたが何を言うかは重要です。けれども，口にしなかったことの方がはるかに重要になることもあります。

## Q. ゲイだということは，私の子どもの性生活は乱れているということでしょうか？

　A. その答えはたった一言，「いいえ」です。あなたの子どものセクシュアリティが，どのくらいの頻度でセックスをするか（あるいは，したいか）を決めるわけではありませんし，セックスのときに抱く感情を左右するものでもありません。「ストレート」の人たちのコミュニティでも，性行動や性に対する関心は多種多様です。さまざまなセクシュアリティの人たちのコミュニティでもそれは変わりません。人は誰でも，その感情や欲求が，自分のアイデンティティのたった一つの側面によって決められることはありません。

また，性生活が乱れていることが自動的にネガティブな意味を持つわけではないと認識することも重要です。「カジュアルなセックス（訳注：不特定多数の人とのセックス）」といっても，あなたがどういう人かによって，まったく違ったとらえ方をされることでしょう。カジュアルなセックスは危険で，無責任で，不道徳であると考える人もいれば，誰にも縛られず，複数のパートナーとセックスをする方が満足できるし，いろいろ情報を集めた結果，安全だと判断したという人もいます。セックスに対するあなたの見解は，今現在，あなたの子どもとは一致しないかもしれません。けれども子どもの考え方を知るには，子どもの気持ちについてオープンに会話するよりほかに方法はありません。

　子どもとそういう会話をするときには，決めつけや思い込みが言葉づかいや口調に表れないようにしてください。子どもに声をかける前に，時間をとって，あなた自身のセックスに対する考え方を思い返してみてください。いつ，どうやって，そう考えるようになったのでしょうか？　セックスや愛着心について，いつも同じように感じていますか？　あなたの意見は道徳心や信仰に根ざしたものでしょうか，それとも，安全のことだけが心配なのでしょうか？　あなたの子どもに話しかけるとき，あなたは「お前も，セックスについて考えるような年頃になったということだね。セックスの話はそんなに多くしなかったけれど，結局は，お互いのことを理解して，こうした大切なことを話し合うことが重要だね」と言うかもしれません。子どもに，セックスについてのあなたの考えを正直に伝えましょう。

　17歳のギブソンは，両親から，いつでもセックスの話をしていいよと言われていました。「セックスが汚いことだとか，口に出せないことだとか思ったことはありません」とギブソンは言います。「むしろ，とてもすばらしいことで，自分を安全に守れるなら，自由にしていいものだと感じていました」。あなたのセックスに対する考え方は，ギブソンのとはちょっと違うかもしれませんが，だからといって，あなたがオープンに話せないということにはなりません。ですが，子どもに話しかける前に，まず自分に問い直してみてください。あなた自身の遍歴や信念

について振り返ってみてください。自分の問題に正直に取り組むことで，あなたの子どもに尊敬の念を抱かせることになります。その尊敬の気持ちが，子どもから深い考えや，意味のある対話や，強い責任感を引き出すことにもなります。感情とセックスとのつながりについて，同じ考えを持っていなくとも，子どもは，あなたの見方を重要だと感じるでしょう。そして，セックスにまつわるあらゆる会話は，安全なセックスの実践について子どもに教えるための，さらなる機会につながるのです。

子どもの性行動に対するあなたの不安は，子どものセクシュアリティだけに結びつけるべきではないし，その必要もありません。安全なセックスの習慣については，あらゆる性的行為を含めて具体的に考えることが重要です。子どもは，セックスを話題にしたり，体験したりする年頃になったか，そういう年頃になろうとしているのです。重要なのは，子どもにとってセックスとはどういうものなのかを考える手助けをしてやることです。言うべきことを，子どもが自由に言えるようにしてやりましょう。ただし，子どものセクシュアリティは，セックスに対する関心や選択を決定づけるものではないということは忘れないでください。最終的には，子どもは自分で自分を守ることになるのです。子どもにしてやれる一番のことは，あなた自身の経験や，安全で納得のいく決断をするための手段について包み隠さず話すことです。

## Q. どのように安全なセックスの話をすればいいのでしょうか？

**クリスティンより**

私自身，安全なセックスについて教わったことはありません。保健の授業で何回か，コンドームの話をしたり，間違った相手と間違った方法でセックスをすると，こんな恐ろしい病気にかかるという実例を次々と挙げられたりしたのは確かです。ただ，私が男の子とはセックスしないとしたらどうなのか，という話は誰もしてくれませんでした。自分で自分

を守れということだったのかどうか。ともあれ，そんな方法は何一つ教わっていません。私の両親は，私がセックスに目覚めるまで，私がゲイだとは知りませんでしたから，「ゲイの」安全なセックスについて話そうとはまったく考えていなかったでしょうね。そもそも母は私にゲイになってほしくないと思っていましたから，そういう情報源にはまったく不向きでした。幸運なことに，私はひどい目に遭うこともなく数年が経っていました。もっとも，自分を守ることを何かしら教わっていたら，その情報に基づいて，また違った決断を下していたかもしれないとは思います。

A. 子どもとセックスの話をするのに神経質になって，セックスの話題にまったく触れなければ，子どもは誰ともセックスしないだろうという間違った思い込みをする親は数多くいます。子どもはセックスをするものです。するなと言っても，するのです。セックスとはどういうことか，何の役に立つのか，責任をもってするにはどうすればいいかなど，セックスについて理解する手段を与えることで，子どもは，やみくもに行動するよりも，ずっと安全で，準備の整った状態で，重要な決断をすることができるのです。

　アメリカでも，ほとんどのミドルスクールやハイスクールでは，子どもが，特にヘテロセクシュアルではない場合のセックスについて，十分に理解した上で，安全を保つための品々や予防措置の備えをしていません。その上，10代の子どもの多くは，安全なセックスをするための情報源として自分の親を挙げているのです。あなたとしては，こうした問題を子どもと話し合えるだけの知識を身につけておくのが賢明です。あなたが何をどんなふうに言うかは，とてつもなく重要なことです。

　安全なセックスの話をどんなふうにするかは，あなた自身の安心感と，子どもとの関係性によって決まります。もしセックスについて話すのが気にならないなら，子どももその話題に安心してついてくるでしょう。そういう場合には，一足飛びに「安全なセックス入門」(122ページ) へ進み，それについて雑談してもいいでしょう。けれども，あなたは性的行為に

ついて楽に話せると思っていても，子どもはそうではないかもしれません。あるいは，親子どちらもがこの手の話題はちょっと苦手ということだってあり得ます。もしそうなら，「汝の読者を知れ」という古いことわざに従うのはとてもいい方法です。

　18歳のオルレミは，両親にカミングアウトしました。オルレミの母親は，安全なセックスの話をするときに，たいていの人はしないようなアプローチをしてきたそうです。「私は話すのは苦手でも，読むことだったら受け入れると，ママが分かっていてくれたのはラッキーでした」とオルレミは言います。オルレミの母親は，安全なセックスについての考えを娘に伝えるのにメールを使いました。その方が，簡単に情報交換ができると知っていたからです。夕食の席で，「セックスの話」を延々と続けなくてもいいのです。そう，それはやはりしない方がいいですね。一通の手紙とか，ちょっとした会話の積み重ねとかにしておいた方がよいかもしれません。あなたは自分が必要とする情報をとにかく知っておくことです。そして，あなたとあなたの子どもとが一番安心できると思う方法で意思の疎通を図ってください。

　セックスの専門家として世界的に有名なジャスティン・シューイ博士によれば，子どもに話しかける時期が早いほど，あとになってから楽に物事が運ぶものだそうです。「あなたにできる一番重要なことは，質問される親になることです」と博士は言っています。これは，どんな質問にも答えられなければいけないとか，子どもに何でも気楽に話しかけられるようになれとか言っているわけではありません。どんな質問でも受け入れられるようになってくださいという意味です。もし答えを知らなかったら，一緒に調べましょう。信頼のおける，医学的にも正確な情報源を子どもと共有しましょう。そして子どもが答えを見つけるのを手伝ってやってください。「私は教育者たちには，まず『いい質問だね』と言うようにと教えています」と博士は説明します。「そうすれば，笑ったり，ばかげたことや否定的なことを口走ったりする前に，答えを考える時間ができます」。また博士は，子どもにとって話しやすい親でいられるように，

質問に対してはポジティブな答えをすることを強く勧めます。そして，答えを知らなかったり，居心地が悪かったり，答えが正しいかどうか分からなかったりするときには，「分からないな。でも，お前のためなら答えが見つかるかもしれない」とか，「どうかしら。でも，(何かの資料を示して)ここなら答えが見つかるかも」と言うように勧めています。

シューイ博士から提供してもらった性に関する話を，「安全なセックス入門」というタイトルで，122ページにまとめました。あなたの子どもが抱く疑問に一つ残らず答えてくれるわけではありませんが，異性愛者のためだけではない，安全なセックスへの取り組みをもっと理解するためのすばらしいきっかけになると思います。

### Q. エイズのような性感染症の心配をするべきでしょうか？

A. HIVやエイズなどの性感染症のことは，子どもがゲイであってもなくても，同じように心配するでしょう。このような不安を抱くのは，LGBTQの若者たちが，安全なセックスのための十分な教育を学校で受けていないことが原因となっています。LGBTQの若者は，性教育という面ではなおざりにされることが少なくありません。同時に2通りの保健授業が行えず，どんな若者にも適した，安全なセックスのための習慣が見過ごされているのですから，子どもの安全に対する不安は，そのセクシュアリティにかかわらず，もっともなことだと思います。だからといって，子どもがゲイであるから，性感染症にかかる危険性が高いということではありません。子どもを守り，安全でいられるようにするため，保健教育の手助けをしましょうということなのです。

1970年代の終わりから1980年代の初頭，世界中で初めてエイズウイルスが大流行しました。エイズはこれまでになかった病気で，どうしたら感染するのか誰も知りません。医師も，患者の診断や治療を適切に行えるかどうか確信を持てずにいました。そして，多くのゲイの男性を含む，何千もの人がごく短い期間に亡くなっていったのです。しかし一般

の人たちは、ゲイのコミュニティで多くの死者が出たという悲惨な状況と、こういう人々は性生活が乱れているのだという仮定とを結びつけてしまったのです。これは、根拠のない、でたらめの仮定でした。乱交というのは、個人のセクシュアリティとは関係ありません。エイズは、ほかの性感染症と同じように、安全なセックスのための習慣を知らなければ、誰でも感染する可能性がある病気です。子どもには、アイデンティティに関係なく、性感染症について教えておくのが一番です。子どもがセックスに目覚めたら、子どもたちに、セックスに関係する危険性と、自分で自分を守る方法とを理解させるのはとても重要なことです。LGBTQの若者は、学校では、こうした問題に関する教育をあまり受けていないので、あなたは親として、子どもに対し、きちんとした情報に基づいた、安全な決断を下すのに必要な方法を与えなければならないという大きな責任を負っています。「安全なセックス入門」(122ページ)を読めば、子どもと会話を始める手がかりになるでしょう。

---

**子どもの側から**　　　　　　　　　　　　　　　　　**ディーン (26歳)**

## セックスについて両親から教わったこと

　僕が10歳か12歳くらいのときのことです。いつものように家族全員で、ニューヨーク州北部の田舎にある家から、1時間かけてモントリオールの近くまで車を走らせていました。当時(どんちゃん騒ぎの90年代)のアメリカでは、家族揃ってカナダのショッピングセンターで大量の買い出しをするのがはやりだったのです。僕の記憶が確かなら、このときの買い出し旅行の目的は、「ないと不便」な電気ケトルを買うことだったと思います。もっとも、それまでは電気ケトルなんかなくても満足な暮らしをしていたと思うんですが。

　カナダのショッピングモールをあちらこちら歩き回っているうちに、僕は、母や妹と離れ、父と一緒に歩いていました。ちょうどそ

のとき，僕たちは本屋の前を通りかかりました。すると父は，ちょうどいい機会だからと言って，僕に性教育を始めたのです。雑誌の『プレイボーイ』を手にとって，折り込み写真を開くと，ブロンドの女の人が横一面に寝そべっていました。女の人の顔はよく覚えていないのですが，父は写真を指さして，「お前もあと2，3年もすれば，こういうのにドキドキするんだぞ。男性ホルモンが噴き出す前に，よく覚えておきなさい」と言いました。

　僕は何も言えませんでした。これほど父の当てがはずれたこともなかったろうと思います。

　今では，父と息子の時間は忘却の彼方に消え去ろうとしています。父がセックスについて話そうと決めた，めったにない瞬間でした。ホモセクシュアリティについて話すことは，それ以上にまれなことです。両親が，コンピュータの画面にポルノ写真を見つけてしまったことは何度もあったのに，2人は一瞬でそれを消して，素っ気ない控えめな物言いをすると，あとは何も言いませんでした。

　セックスについての父との数少ない話の中で役に立ったことは，パートナーとのセックスについて父がしきりに言っていたことです。父は，常識を働かせて安全なセックスをすることが大切だと言っていました。そのアドバイスは，そのままゲイにも当てはまるものです。その上，父はゲイの男性を嫌がることはありませんでした。父は商船隊の任務に就いていたので，ゲイの男性を何人も身近に見ていて，そのときの話を好意的な調子で話してくれたものです。父の「持ちつ持たれつ」という生き方を，僕もかなり見習っています。そのおかげで，LGBTQの若者にありがちな自己不信にさいなまれる思春期を無事に終えることができました。

　あれから父と僕との関係は深まったと思います。父は，ゲイの息子を持ったことで，僕とほとんど同じくらいにセクシュアリティについて（セックスのことは別ですが）学んだのではないかと思います。あれが，親として理想的な最初のセックスの話だったかどうかは謎ですが。

親の側から　　　　　　　　　　　　　　　　エリザベス (50歳)

## まず，エイズが心配でした

　息子がゲイだと知って，最初に頭に浮かんだのはエイズのことでした。80年代から90年代にかけてエイズでたくさんの友人を亡くしましたから，世代によって事情が違うことは分かります。今ではみなエイズについて正しい知識を持っています。それでもやはり，まずエイズのことを考えました。それに，息子はまだ16歳で，年上の男性から襲われたりしないかと気がかりでした。一つ心配をし始めると次から次へとお決まりの不安が湧いてきます。

　私は，ゲイのセックスについてあまり考えなかった世代の人間です。私の世代の，ストレートで温室育ちの人間は，今でも「おえっ」とさせられることとしてとらえているでしょう。私たちは，セックスとは「神が人間に与えたもうたもの」であり，最も自然な行為であると思いたいのです。しかし親としては，いざ自分の子どものこととなると，それをすぐに受け入れられるかどうか分かりません。それで結局は，赤ん坊扱いをしてしまうのです。私は，自分のストレートの子どもたち（10代終わりから20代初め）がセックスをしている姿を想像できないことに気づきました。そこで，子どもたちが，ゲイであろうとストレートであろうと，誰かと親密にしている光景を「想像」しないようにしました。細かいことは，自分とは関係ない，というわけです。

　では，子どもとはどんな話をすべきか？　それは私にも分かりませんが，困ったときには，コンドームについて話すことです。息子が初めてカミングアウトした頃は，悲惨な会話を何度もしたものですが，そのとき私は息子に，いつも安全なセックスを心がけると約束させました。つまり，コンドームを使えと言っているわけです。私がそんなに真剣になっていることに，息子は最初，少しぎょっとしたようでした。息子は「じゃあ何？　僕もエイズになるんじゃな

いかって思ってるわけ？　ゲイかどうかの方は大した問題じゃないの？」と反論しました。

　こんな話をしてから1年ほど経った頃，すっかり取り乱した夫から電話がありました。洗濯をしていて，息子のズボンのポケットからコンドームを見つけたと言うのです。実際，私たちは途方に暮れてしまいました。けれども私は，これがストレートの息子のであっても，ゲイの息子のであっても，同じ気持ちになっただろうと思っています。私たちには，息子がセックスに目覚めたことを受け入れる準備ができていなかったのです。とはいえ，コンドームを持っていたということは，親が考えているよりも，息子には責任感と心構えとがあったということです。とにかく私の役目だと諦め，子どもと話をすることにしました。まず，私は練習をしました。「洗濯物の中からこれを見つけたの。お母さんたちは，お前のことを責任感があると思って喜んでいる。だから，気持ちの上でセックスをする準備が整ったことを確かめたいんだけど」。これではまるで，心理学者のドクター・フィルみたいですね。息子と話をする勇気を奮い起こして，練習しておいたセリフを口にしました。すると息子は，疑るような目で私を見ました。「ママ。これはクラブでただでもらったんだ。まだ使ったことなんてないよ！」

　息子が私と話したいと思うようになるには，まだ時間が必要なようです。ただはっきりしているのは，息子は大学生になり，だんだん私からのアドバイスを必要としなくなっていることです。自分が人間関係についてのアドバイスをする才能に特に恵まれているとは思いませんが，息子がつき合う相手は，私が最初に考えていたよりも，私たちと通じ合えるところがある人となるでしょうか。そして息子が，文字通りにも比喩的にも，自分のためにドアが開かれていると知っている限りは，息子のために力になるつもりです。もう，とやかく言いません！　息子が，ストレートの息子たちと同じように，誰かと恋に落ちて結婚してくれることを願っています。

**Q.** ただの友だちと，友だち以上の関係とを見分ける方法はありますか？

**A.** デートの相手のことや交友関係について気軽に話せるようになれば，子どもからあなたに話しかけやすくなるでしょう。子どもが誰とつき合っているか，行動から「知る」ことができるとは限りません。これはセクシュアリティとは関係なく，そういうものなのです。

　まず，子どもに，どんな相手とつき合っているのか教えてほしいと聞いてみてください。そして，子どもがその人のことが本当に好きなら，将来を誓い合う心構えができていなくともいいから教えてほしいのだ，と説明してください。つまり，誰かとつき合ったり，肉体関係があったりしたときには，知らせてほしいということです。また，親というものは，子どものセクシュアリティとは関係なく，そういうことを期待するものだと，ちゃんと知らせてください。その点をはっきりさせないと，子どもは，自分のことを認めてくれないとか，理解してくれないとか言って，あなたのことを厳しすぎると思うかもしれません。親の期待について明確にしさえすれば，子どももそのことを理解してくれます。そうすれば今度は，その信頼関係を基にして先に進めます。子どもから，今のところ決まった人はいないと言われたら，その言葉を信じるかどうか，意識的に決断しなければいけません。あなたの子どもの身が危険だと心から思うのであれば，子どもの日記を読んだり，こっそりと子どもの友だちと話したり，子どものことを詮索したりしないことです。子どもからあなたに話しかけ，誰とつき合っているか，本当のことを打ち明けられるようにしましょう。そして，あなたはその言葉を信じていることを伝えてください。このようにお互いを尊重し合うことは，子どもを信頼していると知らせる上で不可欠です。こうして子どもは，誠実で正直であることに責任感を持つようになります。

　子どもが，つき合っている人がいるとはっきり言ったときには，前向きな態度を示してください。いきなり質問攻めにしたり，ふさわしい相手ではないと指摘したりすると，子どもは，こうした経験に対していや

な印象を持ったままになってしまいます。あなたが，子どもの相手に不安を感じているなら，そのことを打ち明けてもいいでしょう。ただそのときには，あなたが状況をコントロールしようとしていると思わせてはいけません。子どもには，自分で選択させるのです。そして，あなたが支えてやれば，疑問や恐れが生じたときでも安心してあなたのところにやって来て，熱心にアドバイスをもらおうとするでしょう。前向きであることで，子どもは，この先も恋愛関係で困ったときには，あなたのところに相談に来る可能性が高くなります。

しかし，最善の努力を払ったとしても，子どもが正直に話してくれないということはあります。あなたの子どもが意図的に隠し事をしていることがはっきりしているのなら，すぐにそのことを話し合い，信頼に関わることだと説明するのがいいでしょう。このような状況は，ストレートの子どもが恋愛関係について嘘をついているときとまったく同じように対処します。これは信頼関係の問題です。子どもがつき合っている相手のジェンダーとは関係のないことです。

## Q. 外泊にはどのように対応すればいいでしょうか？

A. 女の子には，男の子との外泊はだめ，男の子には，女の子を招いているときには部屋のドアを開けたままにしておくように注意しておけば十分だと思いますが，カミングアウトしている子どもに対してはどうすればいいでしょうか？

これからどうするかを決める上での大原則は，ジェンダーのことを忘れないように，ということです。「男の子との外泊はだめ。女の子とならいいけど，ドアは開けておくように」と言うのではなくて，もっと普遍的なルールを決めてください。そこで一番の妥協案として，誰と外泊しても構わないけれども，そのときにはリビングルームか，ドアを開けたままの部屋を使うように，と言うのはどうでしょう。

第5章　性教育について

説明抜きでいきなりルールを決めるのはやめましょう。まずは話し合いです。子どもには，外泊をする前になぜルールを決めるのか説明することです。ルールを決めることで，子どもは，目の届くところにいるように言われて，自分は信頼されていないのではないかと思うかもしれません。けれども外泊というものは，性的行為のことを抜きにしても，親にとっては常に手ごわい難題なのです。あなたの子どもにはこのことを説明し，お互いがいやな気持ちになるのは避けたいと思っていることを伝えてください。

　しかし，一度ルールを決めたら（あるいは決め直したら），取り消しはなしです。あなたは間違ったことはしていません。もしルールが厳しすぎたと思うのなら，子どもの行動を見ながら，方向転換する用意をしてください。その一方で，子どもが言いつけ通りにしたのなら，何十回も様子を見にいったり，子どもたちを下の階に呼び出すのに理由をでっち上げたりするのはやめましょう。子どもは，あなたの考えを正確に見抜きます。そして，互いに尊重し合っているという前提で接してくれていないと思うでしょう。

　子どもは，自分がゲイやバイセクシュアルだからルールを決められたとか，ストレートだったらこんなことにはならなかったのにとか，感じるかもしれません。子どもがそんなふうに感じていると思ったら，それは違うと言って，辛抱強く，何度も説明してやりましょう。大切なのは，一貫性があること。あなたが決めたのは，ゲイのためのルールではありません。あなたたち家族のルールであり，誰にでも当てはまるルールなのです。

## この章のまとめ

\*

あなたの子どものセクシュアリティで，セックスをする（あるいは，したいと思う）回数が決まるわけではありません。また，セックスに伴う感情が決まることもありません。

\*

セックスに対するあなたの感情を，正直に表しましょう。子どもには，安全な決定を下すための情報や手段を与えましょう。

\*

セックスに関するあなたの疑問に答えてくれる信頼できる資料を探しましょう（199ページの資料一覧も参考にしてください）。あなたの子どもが将来ほかの答えを見つけられるように，このような資料を共有しましょう。

\*

エイズは「ゲイだけがかかる病気」ではありません。性的行為をする人なら誰でも，HIVやエイズなどの性感染症にかかる危険性があります。セクシュアリティとは関係なく，あなたの子どもは自分を守る方法を知っておく必要があります。

\*

子どもに，誰とつき合っているか聞いてみてください。ただし，質問攻めはよくありません。子どもが，生涯をともにする大切な人とつき合っていることを打ち明けられるよう，信頼関係を築きましょう。

\*

外泊のルールを説明してください。そしてそのルールは，カミングアウトのあとでも変わらないようにしてください。あなたの家でのルールをセクシュアリティに合わせる必要はありません。誰にでも当てはまるルールにしましょう。

# 安全なセックス入門

●性感染症 (STI) は性病 (STD) とも言います。どちらも，人と人との間で，膣性交，オーラルセックス，アナルセックスなどの性行為を通じて感染する可能性が高い病気のことです。アメリカ疾病予防管理センター (CDC) では，STDの代わりにSTIの語を使うようになりました。これは「感染症」の方が不快な印象をあまり与えないためです。

●どんな性行動でも，ある程度のリスクを伴うものです。だから一人一人が，安全にセックスをするためにリスクを管理する方法を知っておく必要があります。性感染症は誰にでも感染します。誰と誰がセックスするかは問題でなく，どことどこが接触するかが問題なのです。オーラルセックス，アナルセックス，膣性交，セックス用おもちゃの共有，相手の性器を刺激し合うなど，さまざまな性行動のすべてにリスクがあります。

●「ゲイのセックス」とか「レズビアンのセックス」とかいうものはありません。人にはさまざまな性行動があり，性的指向によって，その人が性的に快感を得る方法が決まってしまうわけではありません。


性感染症には次の4種類があります。

**細菌感染症**：クラミジア，淋病，非淋菌性尿道炎，梅毒
**ウイルス感染症**：単純ヘルペスウイルス (HSV)，ヒトパピローマウイルス (HPV)，ウイルス性肝炎，ヒト免疫不全ウイルス (HIV)
**原虫感染症**：トリコモナス症
**寄生虫感染症**：ケジラミ，疥癬

性器ヘルペスやHPVなどの性感染症にかかると，生殖器にいぼや，がんができることがあります。これらの感染症は，皮膚同士の接触や，体液や，感染によってびらんした部分に触れることで感染します。疥癬やケジラミなどの感染症は，体を密着させるだけで感染します。オーラルセックスは安全だと思っている人は多いですが，適切な予防をしていないと，喉が淋病，ヘルペス，HPVなどに感染することがあります。アニリングス（肛門へのオーラルセックス）は，肝炎などの胃腸感染症にかかるリスクが高くなります。アナルセックスや膣性交で感染する性感染症にはさまざまなものがあります。

　感染症の多くは治療可能ですが，特にウイルス感染症の場合には，完全には治癒しないこともあります。また，細菌感染症であっても，薬剤耐性がある場合には，治療が難しくなることがあります。さらに，HPVやクラミジアなど，多くの性感染症では症状が現れないことがあるため，自分では気づかないうちに，性感染症をパートナーに移してしまっているかもしれません。しかし，予防は治療に勝ります。HPVや肝炎のウイルスを防ぐワクチンを接種しましょう。さらに，同性愛者の男性は髄膜炎のワクチンを受けることを考えた方がいいと思います。


　安全なセックスのためのグッズの使い方をまとめます。

### 男性用コンドーム

- コンドームは，体液の交換を防ぐために男性器に装着するものです。男性用コンドームは，ラテックス製のものと，それ以外の素材のものとがあります。ラテックス製コンドームや，ポリウレタンやポリイソプレン製の非ラテックス製コンドームは，妊娠や性感染症を防ぎます。子羊や羊など動物の皮でできた非ラテックス製コンドームは，避妊用としては使えますが，性感染症を防ぐのには向いていません。

- 香り付きの男性用コンドームはフェラチオ（男性器へのオーラルセックス）のときに使います。女性器や肛門に男性器を挿入するセックスに使用するものではありません。

- 油性潤滑剤は，ラテックス製コンドームやデンタルダムを劣化させることがあるので，使わない方がいいでしょう。男性用コンドームの多くは，シリコン潤滑剤が塗布されています。そうではないコンドームには，潤滑剤をつけても構いません。

- 殺精子剤や殺精子潤滑剤（特にノノキシノール9）が塗られたコンドームは使わない方がよいでしょう。女性器や肛門の細胞壁が破壊され，細菌やウイルスが侵入しやすくなるためです。

- コンドームは1度しか使用することができません。男性用コンドームと女性用コンドームを同時に使わないようにしましょう。男性用コンドームは100パーセント確実なものではないということを忘れないように。そして性感染症には，皮膚感染もあるということも覚えておいてください。

**女性用コンドーム**

- 女性用コンドームは，膣内に装着するコンドームで，妊娠や，性感染症や，HIVを防ぎます。

- また女性用コンドームは，直腸へのアナルセックスにも使用されることがあります。その場合，内側のリングを外してから肛門に挿入し，外側のリングは体の外に出しておきます。取り外すときには，外側のリングをひねって引き抜いてください。

- 女性用コンドームは非ラテックス製なので，潤滑剤を使います。

- 女性用コンドームでは，すべての性感染症を防ぐことはできません。

## デンタルダム

- デンタルダムは，ラテックスなどの素材でできた薄いシートで，クンニリングス（女性器へのオーラルセックス）やアニリングス（肛門へのオーラルセックス）のときに使います。

- デンタルダムの使用が勧められる場合があります。香り付きのデンタルダムもあります。香り付きの潤滑剤を表面に1滴垂らすと味が良くなります。また，水ベースの潤滑剤を内側に塗っておくと感触が良くなります。

- ラテックス製デンタルダムでは，オイルベースの潤滑剤は使わないでください。

## 潤滑剤

- 潤滑剤は安全なセックスの習慣として，摩擦を減らして，コンドームが破れたり皮膚にすり傷ができたりするのを防ぐのに使います。

- 水ベースの潤滑剤の使用をお勧めします。どこに付着しても安全です（ただし，目や耳にはつかないようにしてください）。また水ベースの潤滑剤は，オーラルセックス，アナルセックス，膣性交のときにも，セックス用おもちゃにも使えます。

- シリコン潤滑剤は，ほとんどのコンドームで使われています。アナルセックスや膣性交の場合には安全ですが，味はそれほどよくないのでオーラルセックスには向きません。また，シーツや服を汚すこともあります。耐水性の潤滑剤なので，シャワーを浴びながらのセックスでも大丈夫です。シリコン製のセックス用おもちゃとの併用は，シリコ

ン同士が反応しておもちゃが壊れることがあるので，絶対にやめましょう。

- 香り付きの潤滑剤はオーラルセックス用で，体外のみに使ってください。

- オイルベースの潤滑剤はラテックスを傷めたり，膣がかゆくなったりすることがあります。ですから，挿入させるセックスでの使用や，コンドームやデンタルダムとの併用は決してしないでください。

# 第6章

# 信仰との関係

もしあなたが信心深い人なら，ゲイの子どもを持つという経験が，あなたの信仰心に少なからず影響を及ぼすことになると思います。心が乱れてしまいそうなとき，信仰をよりどころにすれば，光を見出すことができると，あなたは考えているかもしれません。けれども，その信心深さが，子どもを改めて理解する上で，直接の障害になると気づくこともあるでしょう。信仰のすばらしさは，自分が成長して分別を身につけるのに応じて，その信仰に対する理解も同じように変わっていくところです。あなたと信仰との関わりは変化することがあっても，子どもや，家族の人たちから信仰心が消えてしまうことはありません。

　ほとんどすべての宗教が愛をよりどころとしています。愛は，今回あなたが自分の信仰心を深く掘り下げようとすることにより，あなたの関心の中心となり，とても重要なものになりました。子どもを愛する気持ちを強く持ってください。信仰の土台となる愛は，あなたが信仰と家族との間に立ってふるまうときの案内役として大きな助けになってくれるでしょう。

## Q. 子どもは地獄に落ちてしまうのでしょうか？

**クリスティンより**

　私がカミングアウトしたとき，母の最初の反応は怒りというよりも，恐れと悲しみでした。母は，とても厳格なローマカトリック信者の家庭で育ったので，これまでずっと，神に従わない者はその罪に対する罰を受けると教えられてきました。そこへ，自分の一番上の娘，何よりも愛情を注いできた娘がゲイだと言い出したわけです。母には，「ママ。私，地獄に落ちるつもりよ」としか聞こえなかったでしょうね。母は，どうすればいいか，何を頼りにすればいいか，私に対する愛情と，私とは天国で会えないかもしれないという恐れとにどうやって折り合いをつければいいか，まったく分からなかったようです。

　母と私の旅は，けんかで始まりました。相手の顔も見ず，話に耳を貸そ

うともしませんでした。お互いに，自分の信念を絶対に曲げようとしなかったので，相手の話など無視していました。けれども，徐々にですが，母の言うことが聞こえてきたのです。恐い，という母の声がしました。しばらくして，母も私の話に耳を傾け，私の身に起きていることが母の信仰にどう影響するだろうかと考えるようになりました。私たちは祈り，話し合い，それぞれ自分の信念をよりどころにして，ようやく改めて理解し合うための旅を一緒に（時には離れたりもしながら）始めたのです。母は，将来について心配しながらも，自分には変えられないものがあることを認め，真実だと思えることを受け入れることにしたのです。母は，私が日々，親切で思いやりのある人間として仕事をしていることも，自分が私を愛していることも，神が私を愛していることも理解しています。母は「起こるかもしれないこと？―地獄に落ちること」は気にしなくなったようです。母にとって大切なのは，愛に満ちた神なのですから。

A. クリスティンの母親は信心深い人だったので，自分の娘がゲイだと分かったときから，とても個人的な旅を歩むことになりました。同じ問題で苦しんでいる人たちは，死後の世界，天国と地獄，宗教そのものとの関わりについて，実にさまざまな受け取り方をしていると思います。ある人は，天国と地獄は，文字通り，実際に存在する場所だと考えています。またある人は，天国と地獄は，抽象的な概念や比喩であると考えています。あなたが不安を抱くのは，きっと子どもに対するゆるぎない愛情と，人は死後どうなるのかという考えとの間で板挟みになっているからだろうと思います。

娘がゲイだと分かってから最初の数日間，クリスティンの母親は教区の司祭に話を聞いてもらいに出かけました。そして司祭と一緒に座り，今起こっていること，自分が恐れていることを打ち明けました。司祭はクリスティンの母親に一息つかせ，それからこう言ったそうです。「あなたは，そのような経験を母親に進んで話すことができる子どもを持った特別のお母さんだ，ということです。神様はあらゆる人のためにドア

を閉ざしてはいけないと言っていますね。子どもにも，友人にも，誰に対してもです。クリスティンのために，いつもドアを開けておいてやってください」

クリスティンの母親は，この言葉を決して忘れませんでした。そして，この言葉を励みとして，信仰や宗教についてもう一度考え直す険しい道へと一歩を踏み出したのです。宗教を信じている人なら，宗教の不変のメッセージは，全能の神と愛とは等しいものだと考えているでしょう。互いに対する愛，隣人に対する親切心，寛容さ，正直さ，思いやりの気持ち。これらはいずれも，ほとんどすべての宗教の教義に含まれています。あなたが自分の子どもと一緒に苦しみを経験するとき，このメッセージを忘れないでください。

子どものことや，死後の世界のことを考えると，疑いの気持ちや恐れが生じてくるかもしれません。実際，私たちはたいてい，自分自身や，セクシュアリティとは関係ないところでも，身近な人についてこのような不安を抱くものです。子どもを変わらずに愛してください。そして，言葉にせずにいられない子どもの言葉に精一杯耳を傾けてください。そうすることで，子どもがどんなに複雑な日々を送っているか，子どもの経験とあなたの信仰とがどのように関わってくるか，もっと理解できるようになるでしょう。子どもの選択に一から十まで同意しなくともいいのです。それでも，心を開いて，神があなたと同じように，あなたの子どもを愛していることを知り，もっと気持ちを楽にして子どもへの愛を信じ，それをよりどころにして，旅を歩んでいけるだろうと思います。

**Q.** ゲイであることは，私の信念に反しているのですが，子どもの支えになってやることはできるでしょうか？

**A.** あなたと子どもとは，互いに排斥し合うものではありません。別の信念を持っているときでも，愛し，支えになることはできます。その上，信念とは必ずしも停滞しているものではありません。時間が経ち，

新しい人と出会って，さまざまな人生経験を積むことで，周囲の世界のとらえ方も変わってくるものです。これまでの信仰や一連の価値観をさらに強固にしてくれることもあれば，ものの見方を一変させてしまう場合もあるのです。私たちは人間として，常に自分の周りの世界について学んでは，別の形で理解しようとしているのです。
　子どもを愛する気持ちがあり，その愛情とあなたの信念との相互作用とを巻き込む旅の途中にあって，学び，成長する心構えができたのなら，ほかの人と話してみることも重要です。友人や家族に，あなたの不安や恐れを打ち明けてみましょう。そして，子どもにも，このような気持ちを伝えてやるのです。子どもに，自分の信念が自分自身の理解のしかたにどのように影響しているかを話してみましょう。そのときには，あなたの子どもも信仰を持っていること，子どものセクシュアリティが信念とさまざまに相互作用していることを忘れないでください。

　カタリナはカトリック信者で，自分の子どもたちもカトリック信者として育てました。その息子の1人が15歳のときにカミングアウトしたのです。息子がカミングアウトしてから，カタリナには，自分の宗教に対してさまざまな疑問が湧いてきました。聖書の解釈をいろいろ調べ，最後には，神は愛に満ちあふれた万物の創造主であるという思いに戻ってきました。カタリナは，神に対するこの思いと，自分と息子2人ともがここにいるのには理由がある，という考えとを結びつけ，こう言っています。「私の息子がゲイなのは，多分神様が，そのことの意味を教えようとしていらっしゃるのだ。私がここにいるのは，息子を支えてやるためなのだと思う。キリスト教徒やカトリック信者にとっては，とても苦しいことだけれど，いつかは，私の宗教は，私と世界とをつなぐものというよりも，私と神様とをつなぐものになるだろう」
　あなたは子どもを愛しています。それは，あなたが自分の信念を尊重しているという意味でもあります。そうやって互いに尊重し合うことができれば，実りある対話をする余裕もできると思うのです。

| 親の側から | トム（52歳） |

## もっと心の広い人たちのいる教会に家族を連れていきました

　私の息子がカミングアウトしたのは１年ほど前のことでした。妻のウェンディと私は，ゲイの結婚に猛反対していたのに，ゲイの若者たちを支える愛情深い親になるという，地雷原を歩くような，１８０度の転換を経験することになりました。仲立ちをしてくれたのが息子のジョーダンというわけです。私たちが変わることができたのは，まさにキリストのような愛のおかげでした。ジョーダンがカミングアウトする前から，主は手を差し伸べておられ，私たちの考え方を形作り，準備を整えてくださったのです。

　しかし私たちの旅は，ほかの誰にでも当てはまるものではありません。ほかの人たちがどんな状況で旅を続けているのかをよく知ったことで，私たちはLGBTの人たちがどれほど辛い経験をしているかを理解するようになりました。さらに，ホモセクシュアリティにはさまざまな側面があり，複雑であることも分かってきました。

　妻と私は，ジョーダンがカミングアウトしてすぐに，家族や友人たちと連絡を取りました。司教様にもお会いしました。ジョーダンの青年団のリーダーや，通っている学校のリーダーなど，理解があって，助けてくれる立場にある人たちと一人ずつ会いました。ジョーダンと私たちを受け入れ，支えてくれる人たちを探し求めたのです。

　ありがたいことに，家族も全員が，以前とまったく変わらない様子でジョーダンに接してくれました。ですから，ほかにないくらい物事がうまく運んでいったのです。確かにうまくいっていました。しかしウェンディと私は，自分たちに何かが欠けているような気がしたのです。

　受け入れさえすれば，支えてやることになるのか？　ジョーダン

は，普段の生活でも教会でも，とても人付き合いがいいのですが，息子が「ゲイ」らしく振る舞うほど，周囲の態度が，居心地の悪そうな，冷淡なものになってきます。私たちがLGBTの人たちを受け入れましょうと声高に訴えると，自分は関係ないというように口をつぐむ人たちに出会うことがよくあります。あからさまに反発するわけではありませんが，支援を公言している人たちの中にもそのような人がいるのです。

　教会の人たちは，私たちのことを，哀れみと，悲しみと，若干の同情のこもった目で見ます。しかし，現実を受け入れようとしない限り，本当の意味での支援はあり得ません。10年以上も親しくつき合ってきた教会での友人たちも，数週間で消えてなくなってしまいました。私たちが途方もない試練に「苦しんでいる」と言って悲しんでくれる人は大勢いましたが，文化的な意味で脅威になることに対して歩み寄ろうという余裕など，まったくないという様子でした。私たちはコミュニティから見放されたような気持ちになりました。そして，結局私たち家族はみんなから敬遠されている，と気づいたのです。

　教会から出ていってくれという組織立った動きこそなかったものの，集団で誰かを見下そうとするとき，同様のことが起きます。ついにウェンディと私は，もっと心の広い人たちのいる教会に家族を連れていくことにしました。今でも私は，長い間の友情を失った不毛な日々のことを苦々しく思い出すことがあります。集団から拒絶されるという経験を，神や宗教的遺産から拒まれたことと切り離して考えるのは容易なことではありません。心ない信者たちと教会そのものとを区別できない，10代後半の子どもたちにとっては，特に難しいことでしょう。

**Q.** 子どもの幸せを願っています。けれども，やはり結婚は男女でするものではありませんか？

**A.** 結婚について理解するには，法的な意味合いと，精神的な意味合いの2つの側面があります。法的な結婚は，税金や，財産の所有権や，健康保険などという法的権利を決定し，影響を及ぼすものです。宗教的な制度のもとでの結婚は，崇高な力をもつ「誓約」です。ゲイの結婚についての議論は，このあたりが混乱することが多くなります。自分自身に尋ねてみてください。あなたの心配は，子どもが法的な権利を平等に認められなくなるのではないかということでしょうか？ それとも，あなたの信じる神が，子どもたちの結婚を認めてくれない（あるいは，認めるはずがない）ということでしょうか？ それとも，あなたの宗教観が，法的な事柄についての考え方にまで影響を及ぼしていますか？

　法的な結婚は，あなたの子どもが守られているという保証の役割を持ちます。つまり万が一，子どもが病気になり，入院することになった場合に，パートナーがあなたの子どものそばにいて，支え，愛するための力を得られるということです。あるいは，20年間，同じ屋根の下で暮らしたパートナーを亡くしたあと，その家にかかる相続税がどうなるのか，ということでもあります。パートナーが健康保険に加入しているとして，あなたの子どもはその恩恵を受けられるのか。法的に結婚しているということは，あなたの子どもとそのパートナーとが子どもを持とうと決心したときに，出生証明書に記入された2人の名前が法的に認められるまで，何カ月も，場合によっては何年も待たなくともよいのか。法的な結婚とは，こうした法的権利と関わることなのです。

　では，宗教という点から結婚について考えてみましょう。宗教によっては，同性婚を認めるところもあれば，そうでないところもあります。このような結婚のためには，礼拝所を利用させない宗教は多いですが，これは，神はこのような結婚を認めないから，信徒も認めることはできないという理由によるものです。

　子どもが結婚式をしたいと思っても，このような結婚を認めない場所

では式は挙げられません。子どもたちが結婚するために，誰もが自分の宗教的な信念を調整しなければならないということはありません。精神的な意味での結婚は，大切な人々を前にして誰かに対する愛を宣言することであり，お互いが信じている神の前で愛を誓うことでもあります。あなたは，子どもとそのパートナーを愛し，たとえ精神的信仰が同じでなくとも，大切な人の一人として立ち合うことができます。そしてまた，子どもが守られていることを保証するために，自分の宗教的な考え方に対する最終的な決断を下すことなく，法的な意味でのゲイの結婚を支持することもできます。

人の信念は時間が経つにつれて変わっていきます。それは失敗を示すものではなく，人間として成長し，信仰も一緒に成長を続けていることの証です。子どもの人生の中に存在し続けるよう努力してください。そして，子どもと，そのパートナーと，あなた自身のスピリチュアルな考え方とのために，ドアを閉ざさずにいてください。

### Q. 信仰に篤い家族や友人に理解してもらうにはどうすればいいでしょうか？

A. 信仰に篤い家族や友人に話をするとき，信仰とセクシュアリティに対する考え方とに関係なく，重要なのは，あなたが信じていることをどうあっても理解させよう，とはしないことです。子どものことをとても大切に思っているとだけ伝えるようにしましょう。信念が違うことは問題ではないのです。宗教が関わってくる場合，「正しい」答えは1つではありません。宗教について誰かと話をするときには，このことをまず考えるべきです。自分の信念は自分だけのもので，何が正しくて，何が間違っているかという判断は誰にもできないのです。

このようなやりとりをするときの心がけとして，「最善の場合を期待しながら，最悪の場合に備える」をモットーにするのがいいでしょう。どんな結果が生まれるのかは誰にも分かりません。どんなに視野の狭い

と思える人でも，実際，心を開いて接することで，私たちが混乱しているときに，道案内役になってくれることがあります。前向きな答えが返ってこないこともあるでしょうが，拒絶されることを恐れずオープンに接するようにして，憶測はしないことです。

　あなたが話す相手が，具体的に聖書の一節を引用したり，親としての能力について質問をしたりしてきたら，あなたが考えていることや感じていることを，自信を持って率直に伝えましょう。あなたの見解を何度も示す必要はありません。信念の違いについて話し合う場合は，言い争いにならないよう努めましょう。あなたが話している相手は，多分，「こんな人生を子どもに諦めさせるようにしむけるのが親の責任だ」というようなことを言うと思います。そうしたら今度はあなたが，親の責任とはこうであると信じていることを答えるのです。「あなたの信念は分かるけれども，親としての私の責任は，自分の子どもを愛し，支えてやることだと思っています。私はそうするつもりでいるし，私の決めたことについてあなたと話せることだけで満足です。ただ，お互いの信念を尊重し合うことは，いつも忘れずにいましょう」と。

　最後に，たとえあなた自身の考えと一致しなくとも，ほかの人の考え方に耳を傾けることが重要です。あなたが自分の子どもを支え，自分の信仰を持続したいと強く考えているように，ほかの人も同じように思っているのですから。たいていの場合，友人や家族は，最後の一線を越えてまで，自分の信念を押し通そうとしますが，それは，その人たちがあなたの子どもをとても大切に思ってくれているからなのです。そういうことに進んで耳を傾けることができるなら，家族や友人の複雑な意見についても理解できるようになるでしょう。たとえあなたには同意できないような内容でも，相手の話を聞くことで，より一層意義深い対話ができると思います。正直に，思いやりをもって答えてください。そして，あなたが子どもを愛し，支えていることを伝え，子どもの幸せを第一に考えていると伝えてください。カミングアウトが一瞬で終わるものではないのと同じように，こうしたやりとりも，最初の話し合いだけで終わることはありません。心を開き，できる限り辛抱強く取り組んでいくこ

とです。

## Q. 子どもは信仰を持ち続けてくれるでしょうか？

A. あなたの信仰がさまざまに揺れ動くことがあるのと同じように，子どもも揺れ動きます。信仰とは，人それぞれで異なる個人的な経験ですから，神や，根強い信念体系は，どんなセクシュアリティの人でも関わることができる場所であるはずです。あらゆる人を祝福し，LGBTQの人を決して批判したり，閉め出したりしない宗教を信じる人たちがいます。また，世界中の学者が，さまざまな宗教について，絶え間なく変化する解釈や分析を詳しく説明した本を書いていますし，LGBTQの人を歓迎してくれる礼拝所もたくさんあります。信仰とは，それを求めるすべての人のためにあるのです。

あなたの子どもは，カミングアウトしたあとで（あるいは，その前に），信仰に対する関心を失ってしまうかもしれません。でも，そのまま変化しないということはありません。子どもはまだ強く信仰を保っているのに，状況が一変したため，自分の信念について改めて考え，調整し直していくのに，ちょっと時間が必要だということは十分にあり得ます。一歩下がったところから自分の信念を見つめ直したいと思うのは，もっともなことですし，それもまた大切なことです。

重要なのは，あなたが望む方法で，子どもに信仰を持たせようとはしないことです。子どもは，生涯を通じて，自分の信仰の中で行きつ戻りつすることがあるでしょう。そのような旅によって，宗教に対する気持ちが強まることもあれば，まったく宗教から離れてしまうこともあり得ます。このとき，信仰に関して私たちが下す決定は，セクシュアリティだけで決められるものではないということです。子どもがどんな道を歩もうと，自分自身で探求する余地を残してやらなければなりません。ですからあなたの子どもには，あなたがいつでも話せる用意ができていることを知らせておきましょう。また，ほかにも話をしたがっている人が

いることを伝えておいて，あとは辛抱強く待つことです。

---

子どもの側から　　　　　　　　　　　　　　　　アリス（26歳）

## 私はゲイで，キリスト教徒

　カミングアウトをしたことで，自分の信仰に一層近づくことができるなんて思ってもいませんでした。けれども，本当にそんなことが起きたのです。

　私は信仰に篤い家庭で育ったのにもかかわらず（あるいは，そのせいなのかもしれませんが），キリスト教があまり「ぴんと来なかった」のです。毎週日曜日には，とんでもなく大きな教会に出かけ，水曜の夜には田舎のちっぽけな青年団に顔を出していましたが（そこに，好きな女の子がいたから），どちらにいても，嘘をついているような気がしていました。ほかの子たちと一緒に映画の『パッション』を観ていても，少しも泣けてきませんでしたし，信仰のためのロックコンサートで，ステージ上の巨大スクリーンに洗礼式の様子が映し出されても，心温まるという気分にはなりませんでした。

　キリスト教が関わってきた歴史上の理不尽な事柄に幻滅していながら，地獄に落ちるというのも恐かったのです。イエスの教えに何度も従い直し，そのたびに何か感じられるようにと願いました。けれども，朝の礼拝のときに決まって湧いてくるのは「不潔な考え」だけでした。何千人ものキリスト教再生派の信者たちに囲まれながら，この人たちの中には決して入れないという事実に気づかされることになる，と分かっていました。

　たとえキリスト教とのつながりを感じられなくとも，創造とか，人間の意識とか，死後の世界とか，本質的な神秘に対しては引かれるものを感じて，大学から大学院に進んだ私は「スピリチュアルだが，宗教的ではない」立場をとっていました。私にとって「宗教」

とは，独断的で憎むべき対象だったのに対して，「スピリチュアリティ」と言えば自由で開かれた心という意味でした。それなのに私は，教会での典礼や，象徴的意味や，コミュニティにもあいかわらず憧れていました。毎日の宗教的な慣習には従いたかったのです。言葉を通じて世界を理解する傾向がある私は，その美しい表現や隠喩に満ちた文章を何度も引用しました。

　ところが，カミングアウトをしたあと，物事が収まるところに収まりだしたのです。友だちのお母さんが牧師をしているのですが，その人と神の呼び方について話し合ったことがあります。家父長的な「父なる神」という呼び名ではなく，「聖なる親」とか，「守護者」とか，「永遠の存在」とかいう表現を使ってもいいと言われました。聖書を読み始め，それがようやく楽しいと思えるようになりました。歴史的な背景を念頭に置いた，隠喩的な視点に立った読み方が役に立ったのです。真実は必ずしも事実ではなく，逆もまた真である，ということです。

　私のパートナーから，長老派の家庭で育った経験について話してもらったことがあります。長老派は，とても穏やかな宗派で，礼拝と共同体とを重んじています。パートナーから教会に来ないかと誘われたことがあったのですが，はじめは懐疑的でした。メトロポリタン・コミュニティ教会（LGBTQに対する支援活動を重視するプロテスタント教会）というところに行ったことで，私の世界観は一変しました。信者の席にはいろいろな家族が座っていました。賛美歌集には，差別のない言葉づかいがされています。仲の良いゲイのカップルたちがコミュニオンのために列を作り，牧師と一緒に祈りを捧げてから，肩を抱き合って寄り添いながら輪を作ります。コミュニオンに加わるのは，初めてのことでした。すべての経験に感動した私は，涙が止まらなくなりました。

　私が教会に通っていると言うと，驚く人もいます。キリスト教徒でゲイなんてあり得ないと言わんばかりです。そういう誤解も分からないではありません。ただ，カミングアウトしたことは，私に

とってキリスト教を見つめ直すきっかけになりました。カミングアウトしたおかげで，ようやく本当の自分を受け入れ，愛せるようになったのです。もう隠し事をする必要はないし，恥じることも，嘘をつくことも，恐れることもなくなりました。やっと自分自身が分かったような気がしたし，今度は宗教という枠組みの中で，愛情や結びつきということに，目を向けられるようになりました。

　キリスト教は自分にとってどんな意味があるのか。私は今でもそのことを学び続け，その苦難に満ちた歴史を受け入れながら，安らかな気持ちで生きていく方法を見つけようとしています。まだ若かった私を苦しめ，恐れさせるものだった宗教を取り戻すことができて，とても満足しています。さらに良いことには，物事はますます早く変化するようになり，ゲイの人たちを歓迎し，ゲイのカップルの結婚を認め，ゲイの聖職者を任命する教会も増えてきているのです。

## この章のまとめ

＊

心を開き，あなたと同じように，神もあなたの子どもを愛していると気づけば，愛を信じ，このプロセスを乗り切っていくためのよりどころにしていくことができます。

＊

子どもを愛し，尊重しようとして，あなたの信念を，子どもの信念と完全に重ねようとしなくともいいのです。信仰に対して違う理解をしているとしても，愛し，尊重する気持ちを持つことで，大切な対話をすることができます。

＊

結婚について，精神的なものと，法的なものという，2つの異なる側面があることを思い返してください。子どもには平等な法的権利があり，同時にあなたの信仰も固く守っていくことは可能です。

＊

信仰に篤い友人や家族が言うことは，どんなことにでも耳を傾けましょう。相手の不安は，愛情と恐れとが入り交じった感情に基づいていることが多いものです。

＊

子どもと信仰との関係の変化に対しては，辛抱強く待つことです。この旅によって，信仰が一層深まり，強くなることもあるのだと，心に留めておいてください。

# 第7章

# ジェンダー・アイデンティティ

私たちは誰でも，生まれたときに，外部生殖器に基づいて性別を割り当てられます。たいていは医師が，男の子か女の子かを宣言するわけです。その後，割り当てられた性別は，生活していくうちに集められた，何層にも重なったジェンダーに関する情報と相互作用していきます。そのことに気がつくこともあれば，無意識のうちにふるいにかけてしまうこともあります。音楽や，新聞や，テレビ番組や，雑誌や，子どものおもちゃや，就職相談会や，お酒の宣伝・広告まで，あらゆるものが男か女かで分けられています。幼少期は，青かピンクかで色分けされますし，生まれる前の子どもの場合でさえ，妊婦のお腹に向かって話しかける言葉づかいが，赤ちゃんが男か女か（事前に分かっている場合）によって違うという調査結果があります。

　自分は生まれたときの性別と合っていると感じる人がいる一方で，この割り当てがしっくりこないと思う人もいます。ジェンダー・アイデンティティとは，ある人の自分のジェンダーに対する主観的関係を示す言葉です。地球上にいる人は誰でも，たとえそれが，多くの点で社会的な期待に応えるために偶然そうなったものだとしても，何らかの形でジェンダーとの関わりを持っています。生まれたときに割り当てられた性別が自分に合っていると思う場合を「シスジェンダー」と呼んでいます。けれども，あなたの子どもは，外部生殖器によってラベルを貼られただけで，それが自分のアイデンティティを十分に，あるいは正しく表してはいないと感じているかもしれません。また，外部生殖器はジェンダー・アイデンティティとは無関係で，ジェンダー・アイデンティティは，たくさんの要因に基づいて決まるものだと思っている場合もあります。このプロセスがぴんと来ないために，ひどく圧倒されたり混乱させられたりするケースもあるでしょう。ここで重要なのは，まずあなたがジェンダーについて知ること。そして，自身のジェンダーに対して子どもがどう理解しているか，その変化を知ること。このようなプロセスを通じて子どもに寄り添うことができるでしょう。

　この章を書くにあたって私たちは，自分のジェンダーに疑問を抱いていたり，生まれたときに割り当てられた性別と一致していないと感じて

いたりする子どもたちと，その親たちから話を聞きました。これから紹介する質問と回答，ストーリーは，そのときの話に基づいたものです。聞いたことのない用語が出てきたら，用語集（191ページ）を参考にしてください。

## Q. ジェンダー・アイデンティティと性的指向とはどう違うのですか？

A. 端的に言うと，「性的指向」というのは，どんな相手に魅力を感じるかということ。「ジェンダー・アイデンティティ」とは，一人の人間としての自分を意味しています。恋愛対象でも，性的な関係でも，魅力を感じる相手の性別が性的指向を決定するのに対して，ジェンダー・アイデンティティは，自分を自分らしくしてくれるジェンダーによって左右されます。ある人にとっては，ジェンダーとはどちらかを選ぶ経験です。生まれたときには女の子だったのが，自分は男であると認識し，それに従って変わる人がいます。またある人にとっては，ジェンダーはさまざまな要素によって複雑に構成されているものであり，アイデンティティは二者択一で決まるのではなく，さまざまな要素の意味を探求することによって決まるものなのです。「男」か「女」か，という枠組みを越えて2つのジェンダーを組み合わせたものや，常に変化していくものとして，アイデンティティをとらえていることがあります。多くの用語が出てきますが，どれも「トランス*」の形にまとめられる用語です。この「*（アスタリスク）」は，コミュニティの中にさまざまなアイデンティティや理解のしかたが存在することを示す印です。よく使われる用語や定義をいくつか紹介しましょう。ただし，これらの用語は，使われる場面や，使う人が言わんとすることによって意味が変わってくることも忘れないでください。

**シスジェンダー**

　生まれたときに割り当てられた性別と，自分が社会的，感情的，肉体的に認識している性別とが一致しているジェンダー・アイデンティティ（自分は男性だと認識している生物学的な男性はシスジェンダーの男性ということです）。

**ジェンダーフルイド**

　ジェンダーが流動的な状態にあること。自分の意識として男性と女性の間を揺れ動いている状態。

**ジェンダークィア**

　ジェンダーの表現やアイデンティティが，生まれたときに割り当てられた性別と一致するジェンダーと，完全には合っていない人，あるいは，ジェンダーは，「男」か「女」かではなくて，もっと複雑なものと考えている人を示す包括的なアイデンティティ。日本では性的少数者やLGBTと同義で用いられることが多い。

**トランスジェンダー**

　ジェンダー・アイデンティティが，生まれたときに割り当てられた性別と合っていない人を示す語。


　ジェンダー・アイデンティティによってのみ性的指向が決定されるわけではありませんし，性的指向がジェンダー・アイデンティティに直接影響するわけでもありません。ひととなりだけで好みが決定することはないし，好みによってひととなりが決まってしまうわけではない，多様だということです。時折，ひととなりと好みとが重なり合うことがあっても，特定の，予測可能な，ありふれた事象ではあり得ませんね。ジェンダー・アイデンティティと性的指向についても同じことが言えます。一方に基づいてもう一方が決定されることはないのです。

**Q.** うちの子は，自分のジェンダーが分からなくなっているようです。これはどういうことなのでしょうか？

**A.** あなたの子どもが，自分のジェンダーが分からなくなっているというのは，生まれたときに割り当てられた性別が自分には合っていないと思っているということです。あなた自身がジェンダーについて迷った経験がないと，理解するのは難しいかもしれません。ですから，あなたにとっても，あなたの子どもにとっても非常に複雑なこの問題については，もっとよく知るようになるまで，辛抱強く待ってください。子どもは成長するにつれて，自分がどんな人間なのかを知りたくなってきます。そして，人生のさまざまなことに対して疑問を持つようになります。たとえば，宗教とか，将来の目標とか，昇進の道とか，政治理念とか，文化的独自性とか，そして時には，性的指向とか，ジェンダー・アイデンティティとかいったことです。私たちはたいてい，こうした問題のどれかに悪戦苦闘しながら，別の問題についてはそれほど苦にしていないということがあります。多分あなたは，生まれたときに決められたジェンダーとの関係に疑問を持ったことがなく，思春期には，霊的信仰とか，政治に関する見解とか，文化的な歴史を探究することに時間を費やしていたでしょう。ジェンダーを探求し，疑問を持つプロセスも，これと同じようなことです。自分自身に関する何かについて，自分が以前から持っている概念や，発想や，アイデンティティと合っているかどうかをじっくり考えているのです。ジェンダーに関する会話が，ほかの話題から切り離されてしまうのは，多くの家庭で気安く交わされる話題ではないからです。そのため，子どもがこのような探求をしているときは，とても孤独な思いをしていることでしょう。

　できる限り支えになってやることです。自分自身を理解しようとするときに，誰もが同じ経験をするわけではありません。そして，ジェンダーのように複雑な問題に取り組む場合，そばにいて話を聞いてくれる，支えになる人が周囲にいるのが何よりのことなのです。魅力を感じる人や，好きな食べ物や，聴く音楽がこうでなければいけないと言えないの

と同じように，ジェンダーを決める方法を指図することはできません。あなたは，自分が割り当てられた以外の性別だと認識することに抵抗を感じると思います（それはあなたが，自分が感じている性別と一致しているからです）。この状況を想像することで，子どもが，自分に割り当てられた性別に「合わせられない」ことを理解するための架け橋としましょう。

とにかく，このプロセスについて子どもと話し合うことが大切です。ジェンダーに疑問を感じる，と言っていることの意味を理解するように努めましょう。子どもは，自分のアイデンティティを表すためにいろいろな用語を使うかもしれません。そのとき，その用語がどんな意味なのかを説明してもらってもいいと思います。ジェンダーの問題はとても個人的な経験ですから，どの用語も「たった一つ」の定義ということはありません。子どもは，ジェンダークィアや，トランスジェンダーや，ほかのまったく違う何かとしてカミングアウトするかもしれません。もしあなたの子どもが打ち明けられずにいたり，あなたの質問に答えられなかったりしたときには，ジェンダー・アイデンティティやジェンダーの表現についてもっと知るために，資料を探してみましょう。可能であるなら，同じような経験をしているほかの親たちと連絡を取ってみることです。数多くのコミュニティやオンラインの支援グループがありますから，話を聞いたり，質問したりしてみてください。

---

**親の側から**　　　　　　　　　　　　　　　　　　　　**シェリー (56歳)**

## 私は女の子を産み，男の子を育てました

ここに「(FAAB) bulous」と書かれたTシャツを着た息子の写真があります。たいていの人には何の意味もないでしょうが，私にとっては，この上なく感情を刺激される文字であり，言葉です。「FAAB」とは，「Female Assigned At Birth（生まれたときは女の子）」の略なのです。私の息子はトランスジェンダーです。男では

ありますが，男性として成人するのは並大抵の苦労ではありませんでした。一人ではできなかった長い旅でした。夫と私は，大学院在学中に子どもをもうけようと決めました。当時にはよくあることで，提出した博士論文を認められて2週間後に出産しました。ザックが幼い頃に私はずっと，この子が男として生まれていたら，生まれつきの性差というものを心から信じただろうと思います。それくらいこの子は，女の子というよりは，誰がどう見ても男の子としか言いようがなかったのです。自由奔放で，伝統的に同じ年頃の女の子が期待される役割には，まったくふさわしくありませんでした。とはいうものの，男の子という型にもはまらなかったのです。友だちの女の子たちは，一所懸命に女性ポップスターの真似をしていたのに，ザックは地元唯一の女の子として，ポケモン・トーナメントに参加していました。ハロウィーンのときには，ハーマイオニーそっくりなのに，ハリー・ポッターの仮装をしました！

　夫と私はザックのことを何かにつけてユニークだと思っていました。そして，「女の子らしさ」を期待する世界からこの子を守ってやりました。ザックのジェンダー表現のしかたが社会のルールに従っていなくとも，私たちは少しも気にしません。母である私はショッピングモールでの切り抜け方を，夫は深い森を通り抜けるときの対処法をそれぞれ教えました。

　しかし，世の中がザックのことを，「女」と書かれた箱に押し込もうとしたのです。小学校1年のときの担任は，休み時間にプラスチックの恐竜のおもちゃで遊んでいることを心配しましたし，クラスの女の子と遊びの約束をさせることで「問題」の解決を図りました。私はザックに，楽しいかどうか聞いてみました。

　「ぜーんぜん。でも，大丈夫」

　祖父母は，悪気はないのですが，きれいなフリル付きのドレスを何枚も送ってくれます。私はザックに，着てみたいかどうか聞いてみました。

　「ぜーんぜん。ジーンズとTシャツがいい」

10代初めの頃のザックは，ひどく気持ちが揺れ動いていました。かなり落ち込んだこともあったのですが，ザックは自分から毎週カウンセリングの予約をし，受けていました。よかったと思います。そして14歳のとき，自分はレズビアンだと私たちに言ったのです。なるほど，と思ったものです。そのあとはザックも，気持ちが落ち着いて，幸せそうに見えました。今のザックは，自分のしたいように髪を短くしています。周囲の人たちも，ザックはドレスを着ないで，男の子のものを買っていることを受け入れました。

　夫も私も，ザックの性的指向を受け入れましたが，その対処のしかたは違っていました。私はPFLAG（レズビアンとゲイの親，家族，友人の会）のグループを作り，夫はザックの安全のことでくよくよと悩んでいました。はじめの頃，プライド（訳注：LGBTQであることを祝福すること）のイベントに，私は「PFLAGの母親」として，夫は保護者として何度も参加しました。後ろに立って群衆を見張り，愛するザックを脅すような人間がいないか目を光らせるのです。

　大学に進学すると，世界が一変し，新たな経験，新たな発想，新たな友人と出会います。1年生が終わる頃には，ザックは自分の本当のアイデンティティについて表現する言葉を見つけ出しました。「ジェンダークィア」という言葉について私はあらゆることを学びました。ザックの話や，アイデンティティの深い意味に対する問いかけに耳を傾けていたので，ザックがトランスジェンダーであるという認識を受け入れやすかったのは確かです。ただ，ザックがそこまでたどり着く道は楽なものではなかったことも知っています。

　夫はザックの安全をとても心配していました。私には夫を責めることはできません。トランスジェンダーの人たちに対する暴力は，この世界の悲しい現実です。ホモフォビア（訳注：同性愛者を嫌悪する人）はだめだというところ，少なくとも大声でそうだとは言えない場所でさえ，トランスフォビア（訳注：トランスジェンダーを嫌悪する人）は認められています。夫は，息子のトランジション（訳注：トランスジェンダーの人が自認するジェンダーに移行すること）を心配し，

あれこれと悩みながらも，やはり無条件に息子を愛しています。父親として，トランスジェンダーの子どもを育てていることへの「非難」の矢面には立ちませんでしたが，その名誉は，母親である私のものとなりました。私は最初にザックがレズビアンだと分かったときも，そのあとで男性になったときも，寛容すぎるのではないか，と周囲に思われていたようです。私は周りから格好の標的となりました。普通，トランスジェンダーの子どもを持つ親の話は，混乱と，羞恥と，傷心と，悲しみに満たされたストーリーになるものです。私がトランスジェンダーの親たちの支援グループで親しくしている「ネットワーク上の」友人には，身をもってそのことを証明してくれる人たちがいます。ですが，私の場合はそういうのとは違いました。身近にいる人たちは，私が現実逃避をしているとか，息子のトランジションを無理強いしたとか思い込んでいます。そのどちらも間違っていると説明するのは大変でした。私はザックのことを，「娘」ではなく，「我が子」と考えていたので，娘を失ったという感じはありませんでした。また，私がザックに向かって，女性であることを受け入れるよう言い張れば，あるいは，トランジションに「協力」しさえしなければ，事態は違っていただろうと考える人もいます。確かにそうだったかもしれません。ですが，私たち親子の関係はひどく損なわれてしまったでしょう。家族からの愛情も支えも得られなかったら，ザックは絶望していたと思います。

　ザックのトランジションをすぐ受け入れたように見えたことで，私は，LGBTQコミュニティでは英雄になり，その他の場所では，過保護で，怠慢な母親だと思われているようです。けれども実際には，私はそのどちらでもありません。そもそも，性的指向やジェンダー・アイデンティティとは無関係に，子どもを心から愛することのどこが英雄的なのでしょうか？　我が子が一人前の人間に成長するのを認めてやることのどこが怠慢なのでしょうか？

　けれども，私の中にはさまざまな思いが渦巻きました。我が子の喜び，大人になったことの誇らしさ，トランスジェンダーという考

え方を認めないことへの怒り，トランスジェンダーの我が子が直面する暴力と差別に対する激しい怒り，その一方できまりの悪さも感じました。何年も会わなかった人とばったり出会い，「娘さん」は元気かと聞かれたときには，複雑な思いがします。そういうときに，すぐさま「どっちも元気よ」と言って相手にしなければいいのですが，あいにく私には，娘が2人いるふりをすることはできません。

　私たちの息子は今月で23歳になりました。すてきな女性と結婚し，父や祖父や私と同じように，教授になるために大学院に通っています。もちろん，このすばらしい息子の親でいられるのは，楽しいことです。何ものにも替え難い旅を続けているようでもあります。トランスジェンダーの子どもを持つ親たちは，日々ジェットコースターのように上下する子どもの感情を理解するようにしてください。そのジェットコースターがいつかは速度を落とし，そこから降りて大地をしっかりと踏みしめたときに，どんな気持ちになるか。そして，トランスジェンダーの子どもの母親には，「私は女の子を産み，男の子を育てました」と言えるようになってほしいのです。

**Q. うちの子が，自分の性別とは違う服装をしています。これがトランスジェンダーということなのでしょうか？**

　　　ダニエルより

　私は長いこと，自分の服を嫌っていました。体にぴったりした服がいやで，自分自身ではない部分を強調させられて，妙な気分になりました。なぜそう思うのか，どうしてそんなふうになるのか，見当もつかなかったのですが，あの不快な感じは，はっきりと覚えています。自分が求めていたもの，そして求めたいと思っていたものが，2つの違ったものであると気がつくまでさらに長い時間がかかりました。まず私は，見た目をよくしたかった，気分良くいたかった，テレビで見る男の子のような格好

をしたかった。けれども，それと同時に，母からはかわいいと，父からは格好いいと思われたかったし，周りの人たちからは私は女の子だと知っていてほしかったのです。私はよく男性と間違えられていて，そのせいでひどく人目が気になります。自分が女であることを誇らしく，幸せなことだと思っています。私のことを男だと思ってほしいからとか，自分は男のような気がしているからという理由で男の服装をしているのではありません。ただ，男の服を着ている方がずっと気分がいいし，ずっと私らしいと思えるのです。女はこうあるべきだという，ほかの人たちの考え方に従った服装はしたくないのです。

A. 私たちは生まれた瞬間から，割り当てられた性別に基づいた特定の方法に従って行動することを期待されます。これは日常生活のさまざまな場面で経験することですが，服装は，行動に対するこのような期待の最も中心にあるものです。女性はドレスを着て，男性はスラックスをはくと決まっていた時代は過去のものとなりつつありますが，今でも私たちは，どんな服装が性別に合っているかを強く意識しています。デパートも売り場全体がそのように分かれていますし，広告キャンペーンによって，この分け方が固定化されています。しかし真実はこういうことです。そもそも服装はジェンダーを決めるものではないし，私たちの間でも，ジェンダーによって，日常生活で着るものが決められるわけではないという人は多くいます。服装の趣味は，自分のアイデンティティを理解する上で重要な部分の一つです。そして自分のジェンダー・アイデンティティを表現する手段であるかもしれませんが，必ずしも（あるいは，ほとんどいつでも）そうとは言えないのです。自分の内面の意識のしかたと，自分の外面的な表現方法とは，必ずしも同じではありません。ですから，あなたの子どもがドレスを着たがっているからといって，それがその子のジェンダー・アイデンティティを示しているとは言い難いのです。

なぜあなたの子どもが特別な服装をしたがるのか疑問に思ったのなら，

尋ねてみてください！　このとき，問いただすような言い方はだめです（「どうしてそんな格好をするの？　女の子になりたいわけ？」）。そうではなくて，心の底から正直に話し合えるような方法で質問してください（「こういう服装の方が落ち着くの？　このスタイルが好みなの？　それとも，ほかに理由があるのかな？」）。子どもが選んだ服装は，スタイルとして気に入っているのかもしれませんし，気楽だからそう決めたのかもしれませんし，あるいは，ジェンダー・アイデンティティをさらに探求したいという気持ちの表れということも考えられます。理由はともあれ，表現したり，探求したりできるということは，アイデンティティにとって重要な部分です。そして，肉体的に気分が落ち着くというのは，自尊心や，自信や，自己尊重のために不可欠なことです。

　18歳のキーナンは，自分がトランスジェンダーであると認識しています。そして，いつも男物の服を買いたいと思っていて，女の服装でいるときの不快感が，成長するとともに急激に増してきたと説明しています。そして，「母は，なぜ私が不快に思っているのか理解していませんでしたが，私もこの気持ちを伝えるための言葉を知らなかったのです。母が私にほかの売り場で服を買わせたいと思っていると感じると，私はとても不機嫌になりました」

　着るものを自分で選ばせてやることは，あなたの子どもが，どんなときに気分が良いのかを理解する助けになります。また，あなたが支えてやることで，子どもはもっと気楽に自分の旅を歩めるようになるでしょう。なぜなら，自分とは違うジェンダーを示す服装をすることが，「間違った」ことではないと思えるからです。

　あなたが子どもを連れて買い物をする光景は，まさに子どもを尊敬し，支えてやっていることの表れです。でも，自分には何ができるかを知っておくだけでもいいのです。子どもが新しい服を選んでいる間，そばにいて励ましてやることができると思うなら，実行あるのみ！　けれども，まだその心構えができていないと気づくこともあると思います。あなたは，子どものアイデンティティのある部分や，服装について理解しようと努力しているところかもしれません。子どもが服を手にとったときに，

動揺を顔に出してしまいそうだと思うなら，ついて行かない方がいいでしょう。けれども，あなたの決断についてはあなたの子どもに伝えてください。あなたは，このことに順応しようとしている最中で，子どものことをもっと理解し，支えになってやろうとしているところだと。一番早い解決法は，子どもを，きょうだいや，あなたの配偶者と一緒に買い物に行かせることです。子どもが，新しいスタイルの服装を探しているのか，服装やスタイルを通じてジェンダーの問題を掘り下げていこうとしているのか，どちらにしても，自分を受け入れ，支えてほしいと思っているはずです。子どもは，何と言おうと，自分の親からは認めてほしいと思っているのです。いつだってそうです。

### Q. 子どもが自分の性別とは違う呼び方をしてほしがっていますが，どうすればいいでしょうか？

A. あなたの子どもが自分のジェンダーに疑問を感じているか，あるいは，自分のことをトランスジェンダーやジェンダークィアなど，割り当てられた性別とは違うアイデンティティだと認識しているなら，その一環として名前を変えたいと言いだしたり，ほかの人（あなたも含めた）にも，新しい名前と呼び名を受け入れてくれるように要求することはあり得ます。あなたは，このような要求に対して葛藤し，生まれたときにつけた以外の名前で子どもを呼ぶことに憤慨するかもしれません。子どもの名前をあなたがつけたのでしたら，あなたや家族にとっても大きな意味のある名前のはずです。子どものために選んだ名前を拒否されたように思うでしょう。その上，子どもの生まれたときの名前を呼ぶことや，決まった呼び名で呼ぶことに，あなたは慣れてしまっているでしょう。そういうすべてのことを変えてほしいと頼まれたら，本当にいらだたしいと思うかもしれません。なぜ，こんな面倒なことを周囲に強要するのかと。このようないらだちや，悲しみや，混乱を感じるのは，よく分かります。これはあなたにとって，大きな転換期と言えるでしょう。そし

て，子どもの考えを理解するためには，辛抱強く努力し，対話を続ける必要があります。

　トランス*である人にとって，自分のアイデンティティにふさわしくない呼び名を耳にすることは，ストレスになる場合もあります。ザックは23歳のトランスマンですが，周りがザックのことを一つの見方でしかとらえてくれなかったり，自分の考え方を正しいと誰も認めてくれないのは奇妙だと語っています。そして，誤った名前で呼ばれると，「君の言うことなんかに聞く耳持たないね。君が何を感じようと大した問題じゃない」と，拒絶されたような気になるそうです。あなたの子どもは，生まれたときの名前で呼ばれたり，呼ばれたくない呼び名を人前で口にされたりすることで，居心地の悪い，気詰まりな雰囲気になって，不安を感じているかもしれません。これは，自分に対して示されたジェンダーは，自分のものではないと，訴えているサインなのです。

　ザックは，正しい名前や呼び名で呼ばれたとき，人間扱いされたように思ったと言っています。「トランス*の人にとってとても重要なことは，ちょっとした言葉によって認めてもらえることなのです。ささいな言葉でさえ，その影響はとても大きいのです」。このような理由から，あなたの子どもが選んだ名前や，呼んでほしい呼び名を使うことは，たとえそのような変化を完璧に理解したというわけでなくとも，子どもたちの情緒面での健康を考えれば，大変に重要なことであると言えます。

　この移行に慣れることは難しいかもしれませんし，朝起きたら一件落着していたというようなこともないでしょう。ですが，しばらく経つとあなたの脳が調整を始めます。そして，新しい名前や呼び名を使うことが習慣となるでしょう。それまでは，苦労したり，時には忘れてしまったりするのは普通のことです。時間をかけて続けていれば，より簡単に，自然にできるようになるでしょう。つまずくことがあっても，自分のミスをあれこれ思い悩まないでください。このことに慣れるのは，あなたにとって大きな変化です。時間はかかるものなのです。昔の名前や，以前に使われていた呼び名をうっかり口にしてしまうことがあっても，謝ればいいのです。ただ，謝るのは1回で十分です。努力すること，それ

から，自分が失敗したときにはそのことを認めること。それがあなたの子どもにとって有意義なことなのです。

**Q.** うちの子は，自分が生まれたときに割り当てられたのとは違う性別の公衆トイレを使いたがります。使わせてやってもいいのでしょうか？

**A.** この質問に対する短い答えは「はい」です。長い答えをしようとすると，考えるべきことがいろいろ出てきますが，特に重要なのは，子どもの安全についてでしょう。もし子どものジェンダーが，生まれたときに割り当てられた性別と同じであれば，そのジェンダーが使用するトイレを使わせてもたいていは大丈夫です。もちろん，何が安全で，何が安全でないかは，大変に込み入った問題です。一般的な話をすると，子どもが，安心できるとか，生まれたときの性別が使うトイレに入ることで危険な環境にいる気になるという場合には，自分が認識しているジェンダー用のトイレを使うのが賢明です。18歳のキーナンは，完全に男性に移行する前でさえ，女性用トイレに入ると，じろじろ見られたり，いやだとか，おかしいという声を聞いたりしたそうです。「女性用トイレを使い続けるのが問題になりかかっていました。それで私は，身体的嫌がらせを受けたり，警察を呼ばれたりするような大きな面倒を避けることにしたのです」とキーナンは説明します。「男性用トイレでのふるまい方についていろいろ調べてから，やっと安心して，安全にトイレを使えるようになりました」

あなたと子どもは，自分たちのいるコミュニティや，周囲の環境を一番よく知っていますから，そのような状況についての話し合いをしなければなりません。住んでいる場所とは関係なく，あなたの子どもが，トイレに指定されているのとは違うジェンダーであると思われるときには，トイレを使うことでどんな危険があるかを話し合いましょう。言葉による嫌がらせや身体的嫌がらせの恐れがある場合には，個室式や，多目的

トイレや，男女両用のトイレを使うのが無難でしょう。あなたの子どもの周りの様子に気を配り，安全ではない気がするときには，性別が決められているトイレを使わないで，できれば友だちと一緒にトイレに入るように促してください。

　学校のトイレを使う場合，問題はちょっと複雑になります。トイレに関する学校の方針は，あなたが住んでいる自治体や，子どもが通っている学校によって違ってきます。子どものトイレの状況について学校の経営側と話し合い，子どものために最善だと思われる妥当な解決策を立てるようにしてください。子どもは，男女兼用トイレの個室（たとえば，教職員用ラウンジや保育士室のトイレ）を使いたいと思うかもしれません。そのことで子どもが動揺するかもしれません。ぜひとも自分のジェンダー・アイデンティティに合ったトイレを使いたいと言い出すこともあるでしょう。ですから学校の経営側に連絡を取る前に，あなたと子どもの両方が，生徒のジェンダー・アイデンティティに対する学校の認識に関する自治体の条例などに精通しておくのがいいでしょう。つまり，あなたの法的な権利をはっきりと理解しておく必要があるということです。最近，アメリカでは，トイレに関する既存の方針に対する訴えが勝訴になった例がいくつかあります。

　たいていの場合，子どもは，自分が入るべきトイレを自分で決められる人間になろうとしています。子どもが感じていることや，不安に思っていることについて話し合い，いろいろ知っていくことで，子どもが考えていることをもっと理解できるようになるだけではなく，安全をテーマにした話し合いをする機会を与えることにもなります。あなたが多くのことを知れば，子どもも多くのことを知るようになるでしょう。そうすることで，できる限り安全な状況が見つけられるのです。

> **Q.** 子どもが別のジェンダーにトランジションしたいと言っています。どうすればいいでしょうか？

**A.** トランジショニングとは，あなたの子どもが，本当の自分によりふさわしい方法で生きていくために，自分自身のある面を変えようとすることです。そうすることで周囲の人たちは，あなたの子どものことを，そのアイデンティティと一致するジェンダーとして認識しやすくなります。トランジションにはさまざまな方法があり，一つではありません。子どもがトランジションしたいと言ったときの真意を知るには，直接本人に聞いてみるしかありません。トランジションを通じていろいろな変化が起こり得ますが，おおむね，社会的変化，ホルモンによる変化，外科手術による変化の3種類に分類できます。

社会的なトランジションにはさまざまな形があり，名前や呼び名，服装・外見や，トイレの使用が含まれます。人によっては，社会的なトランジションだけすればいいと考えている場合があります。子どもがトランス*であると認識しているからといって，すぐにホルモンの摂取や，外科手術を考えなくともよいのです。互いの理解を深めるための対話がとても重要だということです。

トランスジェンダーの人の中には，自分のアイデンティティを実現するために，自分の内的なアイデンティティと外面とを一致させる助けになるという理由から，ホルモンの摂取や外科手術を重要であると考える人もいます。社会的なトランジションだけを選んだ人と同様に，ホルモンによるトランジションを選んだとしても，外科的手術を受けたいとまでは考えない人もいます。ホルモンについて述べると，エストロゲンには，乳房を発達させ，皮膚を柔らかくし，丸みを帯びた体型にする働きがあり，テストステロンには，ひげを生やし，声を低くし，筋肉量を増やす働きがあります。手術によるトランジションは，少しずつ実施されるのが普通ですが，鼻形成術（鼻の整形），眉毛のカット，乳房の再建や縮小，外部生殖器の性別適合手術など，さまざまな手術が含まれます。

アメリカの場合，子どもが18歳未満か18歳以上かによって，はっき

りと違ってきます。18歳未満であれば，ホルモン療法を受けるのには親権者の同意が必要となります。また一般的に，外科手術は，18歳以上でなければ受けられません。アメリカでは子どもが18歳以上なら，ホルモンの摂取でも，外科的手術でも，決定権は全面的に本人に委ねられます。ただいずれの場合でも，親がそのプロセスに立ち会うことが重要です。トランジションに関する選択肢とその結果生じると思われる変化について，よく知っておくとともに，同じ情報を子どもと必ず共有するようにしましょう。あなたたちの両方がこのプロセスについてよく知り，理解するほど，子どもの決断や，健康のこと，今後の方向性についても，さらに話し合えるようになるでしょう。

　子どもが18歳未満なら，トランスジェンダーの子どもに詳しい有能な医師と協力することが重要です。トランスジェンダーの子どもたちは思春期になると，計り知れないほどのトラウマを受けることがあります。エリカ・リンは，思春期は悪夢のようだったと言います。それは，実際に身体的な変化が起こるからではなくて，その変化と自分との結びつきや，思春期の自分に対するほかの人の扱いが原因でした。「いやな気分になったのは，ひげやわき毛のせいではありません」とエリカ・リンは説明します。「『とうとう男になった』とか，『ゴリラみたいに毛がもじゃもじゃになってきた』と言ってからかわれたり，周りから前よりたくましく，男らしくなったと言われましたが，私とはまったく関係のない話として聞くことにしていました」。このような不快感やトラウマとなる可能性を恐れて，多くの家庭では，ホルモン摂取に対するインフォームド・コンセントができるくらいに子どもが精神的に成長するまで，思春期を遅らせるホルモンブロック剤を服用させています。こうすることで子どもには，早まった決断を下すことなく，自分のジェンダー・アイデンティティを探る時間ができます。エイミーの13歳の娘のセラは現在，ホルモンを抑制するためにリュープロレリン療法を受けています。エイミーは娘が18歳になるまでリュープロレリン療法を受けさせようと決め，そのあとはエストロゲンを摂取するかどうかを本人に選ばせるつもりです。セラは内分泌科専門医にかかっているので，その医師と一緒に

今後のことを決めていくことになります。医師が18歳未満の子どもに性ホルモンを処方することはまずありません。

　できる限り多くの疑問や関心事について，子どもと話し合ってください。そしてプロセスの進展に伴って，オープンで継続的な対話を続けてください。子どもの気持ちがはっきり定まっていないときには，カウンセリングを受ける気持ちがあるかどうか聞いてみてください。経験豊富なセラピストなら，あなたと子どものために，ジェンダー・アイデンティティについての問題を分かりやすく説明してくれるでしょうし，トランジションの方法を選択する上での助けにもなってくれるでしょう。これはもっと幼い子どもについても当てはまることです。医師の多くは，子どもがむやみに医学的な決定に飛びつくことのないように，セラピストからの指導や確認書を必要とします。その医師が，トランスジェンダーの対処経験のある，知識が豊富な医療専門家であることを確認した上で，安心して子どもを任せましょう。また，このような医療専門家とホルモンや手術に伴うリスクと利点について話し合うことも，子どもがどのようになるかを知っておく上で役に立つと思います。子どもが大きく変わってしまうことに対して不快に感じたり，ホルモンは健康に害を及ぼすのではないかと心配したりする親は多くいます。これもまた，経験豊富な医療専門家と話し合うことが助けになると思います。

　ホルモンや手術による移行について，子どもの体が変化してしまうといって，とても恐がる親がいます。そういうときには，トランスジェンダーの人本人と話をしてみてください。子どもがどんな変化を経験するか，将来どのような人生を歩むことになるかについての考え方を知ることができます。ホルモン療法や手術を受けたことで，トランスジェンダーの人たちの人生がどのように変わったかという話に，あなたは楽しい驚きを経験するかもしれません。トランスジェンダーの人が，身体的なトランジションのおかげで，憂うつな気分が解消し，はるかに幸せを感じているという話は，珍しいことではないのです。もちろん，経験は人それぞれですが，トランス*のコミュニティの人たちと話してみれば，あなたの子どもの将来の可能性について，いい話を聞かせてもらえると

思います。ホルモンによる変化は，第二の思春期みたいなものだということを覚えておきましょう。その人の個性ががらりと変わってしまうわけではないのです。

　あなたの子どもがトランジションによって変化する様子を，あなたは，いやだと思うかもしれませんが，それは問題ありません。すべての変化に対して満足していなくともいいのです。ただあなたは，自分の中で折り合いをつけるために最大限努力することです。たとえば，子どもがホルモン療法についてもっと詳しく知るために医師のところへ行きたがったとき，あなたが気が進まないようなら，家族の誰かや，友だちに一緒について行ってもらうといいでしょう。経済的な理由で，トランジションによる変化は今のところ，あるいは，しばらくは不可能だという場合には，子どもと話し合い，そのことを説明してやってください。お互いに歩み寄り，トランジションに関して必要なことはすべて終わらせるという最終目標に向けて，長い目で見た計画を立てるのがよいでしょう。

　子どもが成長するにつれて，特に，社会的なトランジションを経験したあとでも，必要なことや願望が変化することがあります。トランジショニングは，一定して変わらないものではなく，むしろダイナミックに変化する旅だと言えます。子どもにとって必要なことが，人生のそれぞれの時点で違ってくることはあり得ます。たとえばエリカ・リンの場合，もともとはちょうどいい年齢になったらすぐに，濃い眉毛を剃りたいと思っていました。「ところが，女の子として1年半過ごしてみたら，眉毛はそのままでいいと思ったのです。そんなことより，私は幸せを感じたかったのです」とエリカ・リンは言います。トランジションのプロセスを経験しても，あなたの子どもは，そのまま変わらないということも忘れないでください。

| 子どもの側から | ザック（23歳） |
|---|---|

## 3年前にトランジションを始めました

　私は，自分がトランスジェンダーであるという意識を常に持っているわけではありません。幼い頃に，自分の体に対して何か変だなと思った記憶があるという友だちがいて，4歳か5歳くらいでそういう経験をしたとか，自分を男の子と思っているのに，女の子だと言われてびっくりしたとか，そういう話を聞きます。そこで私も，自分の子ども時代を振り返ってみましたが，ジェンダー一般に関して，そのような強烈な感情を抱いた経験が思い当たらないのです。女の子っぽいものが特に好きだったわけではなく，自分の髪形やマニキュアなんか大嫌いでした。服を買いに行くのにも興味がありません。とは言っても，男の子っぽいものが好きだったというわけでもなかったです。友だちとうまく遊べない，不器用な子どもでしたね。

　けれども，自分はトランス＊なんだと指摘されたような出来事はいくつもあります。初潮を迎えたときには，ほんとうに絶望を感じたことを覚えています。なかったことにしようとして無視しました。ですから，自分が大人の女の人になることなど，まったく想像することができませんでした。思春期は，誰にとってもそうでしょうけど，私には信じられないくらいに混乱させられた時期でした。それでも，14歳のときにレズビアンとしてカミングアウトしてから，物事がうまくいくようになりました。髪の毛を短くし，もっと男の子っぽい服装をするようになりました。私が生まれたのは小さな街なので，ほかにはあまりゲイやレズビアンがいません。ハイスクール時代には，学校始まって以来のレズビアンになりましたが，周りの人たちは私のことを，自分で性別をこしらえた人間であるかのように扱い始めました。私にとってレズビアンになるということは，だいたいそんなふうでした。私は女の子にはっきり魅力を感じてい

ましたが，それは，自分が男らしい外見・姿かたちになり，そういう行動をすることの許可証みたいなものでした。

　18歳になった私は大学に進学し，多くのゲイやレズビアンのコミュニティと関わるようになりました。いろいろなタイプのレズビアンと会い，ジェンダーに関する私の感じ方がレズビアンらしくないと気づかされました。大学1年が終わろうとしている頃，私はストレートの女性と出会いました。そして私たちは，なんと，ヘテロセクシュアルとしてつき合い始めたのです。この女性と別れたあとは，しばらくジェンダーについて考えこみました。トランスジェンダーの人たちが書いた本を読み，自分のジェンダー・アイデンティティは何なのだろうかと。ユニセックスかジェンダーレスかもしれないと思うこともありましたが，今のところは，自分はジェンダークィアであると考えています。私の中性的なルックスが好きだというレズビアンたちとつき合ったときには，最終的には自分は女性で通すことになり，時々は女性がするような服装やふるまいをしました。束縛されているような気はしましたが，相手の判断に任せることにしました。でも結局のところ，ありのままの自分でなければ，誰が私のことを好きになるでしょうか。

　何度も内省し，セラピーを受け，ほかのトランスジェンダーの人たちと話し合ったことで，私は確かにトランスジェンダーであると認識し，社会的なトランジションをしたいと思うようになりました。どうしてそういう決心にたどり着いたのか，説明するのは難しいのですが，私にとって，本当に長い内省の旅でした。けれども，大きな転機になったのは，大学での女性やジェンダーに関する勉強会に参加するためにやって来たトランスジェンダーの人たちと話した経験でした。そういう人たちと一緒に過ごし，話に耳を傾け，多くの共通点を探し出したことで，その人の気持ちに心から共感することができたのです。

　正直に言いますが，この間にも，私の気持ちはころころと変わりました。カミングアウトするのを恐がったり，新しく違う名前を使

い始めたり，性別とは異なる服装をしたり，すべてがそんなありさまでした。これまでのトランジションについて考えると，カミングアウトをして社会的なトランジションを始めてから最初の数カ月が，多分一番きつかったと思います。周囲の人たちから，私のアイデンティティは尊重できないし，したくない，私が選んだ名前でも呼びたくないし，男として見るのもいやだと，はっきり言われました。外出すると必ず，みんなが私をじろじろと見て，男か女かとまともに聞いてきたりしたものです。私にとっては，ひどくぎくしゃくとした時期でした。

　いろいろ学んでいくうちに，ホルモン療法や手術を受けるのはどうだろうと思うようになりました。じっくりと考え，自分の健康や，将来の幸福や，このような決断をすることの重大性について検討しました。後戻りできないことをするのだと思うと，特に，今から20年後，30年後に，このような決断を下したことをどう思うだろうかと考えると，気持ちが落ち着きません。しかし私は，どっちつかずのジェンダーとして生きていくことも，結局は女として生きていけないかのような思いをすることも，すっかりいやになっていました。そしてまた，胸を平らに締めつけたときの自分の姿の方が好きになり，低い声とひげがほしくなっていたのです。

　20歳になったとき，私はテストステロン療法を開始しました。そして半年後には，両乳房の切除手術を受けました。もう3年以上も前の話ですが，正しい決断をしたと心の底から言えます。ジェンダーや，カミングアウトのことは，もう考えません。なぜなら，今の状態がとてもしっくりしていると思うからです。今の私は「こっそりと」生活しています。つまり，私は職場の人や，顔見知り程度の友人には，自分がトランスジェンダーであることを話していません。けれども私は，インターネット上では自分のことをオープンにしています。ブログ (theartoftransliness.com) ではトランスジェンダーの問題を取り上げ，私のトランジションを記録した動画を定期的に公開するためのYouTubeチャンネルも開いています。

私は今，男性として生活していますが，身体的なトランジションをする前には，自分のことを両性具有だとかジェンダークィアだとか考えていたのを不思議な気持ちで振り返ります。私の気持ちは実際には変わっていないのですが，男性だと見られることに決め，もっと気楽に，自分を男性ととらえられるようになりました。A地点からB地点にたどり着くまでを説明するのは難しいことですが，自然の成り行きでした。最近私は，ありのままの私を受け入れ，尊敬してくれる人と結婚しました。いつかは精子バンクを利用して，子どもを持ちたいと思っています。今の私は，自信にあふれています。本当に幸せで，これからの人生，うまくやっていける気がしてなりません。

## この章のまとめ

＊

　ジェンダー・アイデンティティによってセクシュアリティが決まることはありませんし，セクシュアリティによってジェンダー・アイデンティティが決定するわけでもありません。

＊

　女性だと認識していても，男物の服を買って着ることはあり得ます。これはその人特有のことで，ジェンダーは，「男」か「女」のどちらかに決めつけられるものではなく，驚くほどにさまざまな形で外見にも現れ，服装とアイデンティティとが食い違うことはあるのです。

＊

　アイデンティティを探ることは，成長する上で不可欠です。そこには，服装や外見の選択，ジェンダーの表現，ジェンダー・アイデンティティが含まれます。

＊

　名前や呼び名を変える場合，さまざまな感情が入り乱れるのは理解できます。ただ，この経験をあなたの子どもの立場からもとらえ，このプロセスの一部となれるように努力することは忘れないでください。

＊

　性別が分けられているトイレに関する自治体や学校の方針に精通しておきましょう。子どもには，自分の必要なときに，さまざまな状況を判断し，環境や安全かどうかに基づいて，決定を下すように促しましょう。

＊

ホルモンによる変化は，第二の思春期のようなものです。けれども，それで人格がすっかり入れ替わってしまうわけではありません。あなたの子どもは，あなたがよく知っている，愛する子どものままなのです。

＊

　同じ経験をしているほかの親や，トランス*の若者に近づくことは，あなたの疑問への答えを見つけるのに役立ちます。

## 第8章

# 子どもを支えていくために

この本から拾い集めて持ち帰れそうなものが一つあるとすれば，それは，「あなたが子どもにできる一番大切なことは，いつも変わらずに，思いやりを持ち，愛情あふれる親であり続けることだ」という考え方です。あなたの子どもは，いつまでもあなたの子どもです。カミングアウトをする前と同じことを求めています。子どもには，あなたは信頼のできる，困ったときには頼りになる存在なのだと知らせてやってください。あなたは子どもを愛していて，たとえどんな人生を歩むことになっても，いつでも支えていると知らせてやってください。あなたの一貫した態度が，混乱と不確かさの中で不安に襲われるときの助けとなるのです。
　子どもをサポートする，強力な方法は数多くあります。この章では，より一般的な質問も取り上げていきます。

### Q. 子どもが学校でいじめに遭っています。どうすればいいでしょうか？

　A. あなたの子どもは，多分いろいろな形でいじめに遭っていると思います。学校やコミュニティの中で，悪口を言われたり，暴力を振るわれたり，インターネットで書き込みをされたりして，標的になっているかもしれません。あるいは，メールなどで直接嫌がらせを受けているかもしれません。あなたの子どもがこのようなつらい経験をしているのを目にするのは，心が痛むことだと思います。多くの親が，事態を良くする方法が分からず，罪悪感で押しつぶされそうになっています。もしあなたが，この状況に対処するための適切な方法が分からなくて罪悪感にさいなまれているのであれば，いじめに十分に対処する準備ができている親のほうが珍しいのだと思ってください。私たちは，さまざまな出来事に対して準備するための，すべての子どもの親に向けたマニュアルがあればいいとは思います。けれどもそれは，現実的にあり得ません。その上，子どもと，子どもが置かれた状況とは，一つとして同じではないのです。ですから，すべての問題を解決するための唯一の答えというも

のはないのです。これから，あなたの子どもがいじめに遭っているときに知っておくべき，重要なことをざっと述べていきます。また，資料一覧（199ページ）は，あなたがこの知識を手がかりとし，自分や自分の置かれた状況や，自分が住むコミュニティに合った具体的な情報を探すのに役立つことでしょう。子どもがいじめられていることを知った経緯にかかわらず，あなたがとるべき最初のステップは，子どもに今の状況をよく聞いてみることです。

### 会話を始めるときには，次のことを心に留めておいてください

●冷静さを保ってください

　子どもは，あなたが自分を気にかけていることも，自分が重大な状況にあるということも知っています。けれども，あなたがひどくうろたえている様子を見せたら，事態を悪化させるだけです。そして，あなたにこんな不安を相談しない方がいい（相談してさらに苦しめることにならないように）と，子どもに思わせてしまう可能性もあります。

●事実を集めてください

　あなたの子どもが一番状況を理解しています。いじめが始まったのはいつか，それからどんなことが起こったか，誰がいじめに加わっているか，ほかにこのことを知っている，または偶然現場を目撃したとかいう大人がいるか調べてください。またいじめは，暴力か，悪口か，それとも，オンラインでの嫌がらせなのか把握しましょう。

●敏感になってください

　このような情報を打ち明けるのはとても難しいことです。子どもが無力感を覚えることや，時には，自分が悪いとさえ思うようになることもあります。あなたの子どもは何も悪くないと知らせてやりましょう。

●計画を立ててください

　子どもに，計画について話すまでは，行動を起こさないように言って，それを守らせてください。そして子どもと一緒に行動をとるための計画を立てましょう。そうすることであなたも子どもも，今が状況に取り組んでいる最中なのだと，安心できるでしょう。

第8章　子どもを支えていくために

最善のシナリオは，あなたと子どもの両方が，状況が前に進んでいることに納得するということです。また，子どもが，自分が置かれている状況についてあなたに話したがらなかったり，放っておいてとか，首を突っ込まないでとか言う可能性もあります。このような反応は，子どもが不安定だったり，恐れを感じたり，混乱しているなど，さまざまな理由によるものだと知ってください。もし子どもが危険な状況にあると感じたら，子どもから何と頼まれたとしても，あなた自身が事態の収拾に当たらなければならないでしょう。そのときに何よりも重要なことは，子どもの不安に耳を傾け，親として決断をしたことについて，子どもに正直に話し，理由を説明することです。

## 行動を起こすと決断したときのために，以下を参考にしてください

●学校の経営者と話す

　話し合いのために，質問リストを作成しましょう。たとえば，差別やいじめに対する学校の方針や，教師側の準備，どのように対処すべきと考えているか，経営者の考えを尋ねることです。一つの事件や，あなたの子どものことだけではなく，学校全体に注目してください。

●ほかの親も引き込む

　親たちが協力して声を上げれば，学校組織内で大きな力を持ちます。このことは，子どもが似たような経験をしている親がほかにいるかどうかを知る上でも重要です。たとえ直接に状況が重なっていないとしても，あなたの味方がいるということで，学校内での変化を求める場合にも，大きな違いが出てくるかもしれません。PTAとしての見地から経営者と話をするなら，一人の場合よりもはるかに効果的です。

●あなたの子どものためにアライを探す

　「アライ」は，自分はLGBTQではないが，LGBTQのコミュニティや活動を支援する人のことです。学校内に，現状を理解し，子どもを安心させられる教師やカウンセラーが一人でもいれば，事態が大きく違ってくることがあります。子どもに，校内にそういう人がいるかどうか聞き，

必要なときには，その人に相談するように勧めてください。
●学校の方針や自治体の政策を見直す
　学校の方針や自治体の条例では，学生や教師や学校をどのように守ることになっていますか？　教室を使ってどんな内容の話をすることができますか，また，この問題に対処するために集会を開くことができますか？　アメリカでは州によっては，教師を守るため，解雇される不安を感じることなく，年齢に応じてLGBTQを考慮したカリキュラムの導入が許可されています。その場合，意識啓発を促すような講演者や，書籍や，映画や，カリキュラムを推薦する余地があるかもしれません。
●子どもと連絡を取り合う
　あらゆる段階で，あなたの計画と行動についてあなたの子どもに知らせてください。決心したら，断固とした態度でいてください。その一方で，事態の変化に従って，柔軟に対応できるようにしましょう。怒りや沈黙という形だけの反応が，声に出した意見へと変わっていくことがあります。ですから，子どもが現況について話すことには，注意深く耳を傾けてください。子どもはたいてい，学校で起こっていることに一番敏感です。

　いじめの問題は非常に複雑で，「悪い子」（いじめる側）と「良い子」（いじめられる側）という構図に単純化できないものです。忘れてならないのは，ほとんどすべての子どもが，いじめの両方の立場にいたことがあるという点です。悪い子対良い子で片づけられる単純なものではなく，もっとさまざまなことが起こっているのです。なぜ，若者は自分の周囲の人たちを標的にするのでしょう？　もしかしたらメディアによってでしょうか。ジェンダー，セクシュアリティ，人種，階級，能力などの要因に基づいて物事をとらえ，行動するのだと教えられているかのようです。あなたの子どもとこうした大きな問題について話し合い，なぜお互いに標的にし合うのかを考え，このような発想に対していつでも異議を唱えるように促しましょう。

子どもの側から　　　　　　　　　　　　　　　　ヘザー（28歳）

## 先生は，いじめっ子は
## 「お前のことが好きなんだよ」と言うのです

　私が，自分のセクシュアリティを最初にちゃんと理解できたのは，ハイスクールのときにいじめっ子がいたからでした。ハイスクールの男友だちには，「キスしたら，もう友だちでいられなくなる」と私が言った意味を，本当に分かってほしかった。でなければ，国語の女の先生の服装をほめたときに，気持ちを分かってほしかった。だからルークが，「どったの，レズちゃん？」と叫びながら廊下を追いかけてきたとき，私の最初の返事は「変なこといわないでよ！」ではなくて「何で分かったの？」だったのです。

　ルークは，よくいるタイプのいじめっ子でした。ランチのお金を盗んだり，私のことをロッカーに突き飛ばしたり，ゲイと呼んだりしました。10代の子どもにとって，セックスやセクシュアリティの話題くらい傷つくことはありません。だから，ゲイだと言ってなじられると（私の場合は，まったくの図星でしたが），本当に傷ついたのです。ルークと私が顔を合わせたのは，体育の先生が何を思ったのか，2人を同じバレーボールチームに入れたからでした。ルークは私をいじめるだろうと，誰もが疑いませんでした。何しろルークは男，私は女ですからね。ところが，そういうことはちっとも起こらなかったのです。私は先生に，ルークから「ちっちゃなレズちゃん。ボールがおっきくて恐いよう」と言われるのがいやだと訴えたら，先生は「多分，お前のことが好きなんだよ」と答えました。絶対的な証拠はありませんが，それは違います！

　両親だけが，何かおかしいと気づきました。私が学校から帰ってくると玄関からまっすぐ自分の部屋に入ってしまったからでしょう。母が一所懸命に誘っても，テレビを見たり，犬に話しかけたり，ぐちをこぼしたり，前の私だったらしていたことを，する気にはなれ

なかった。私は黙りこくっていました。普通，親だったら，子どもがこういうふうになったら喜びそうなものですが，母は何かに感づいたようでした。おかしな時間に私の部屋に入ってきて，いろいろ私に尋ねるのです。

「あなた，更年期にでもなったの？」と母は言ったものです。「やれやれ。学校で何かあったのね」

私が答えるまで，母は同じ質問を100回でも繰り返したでしょうね。原因は私にやましいところがあるからだと，母に言うのが不安だったのです。私がゲイだから。学校にいじめっ子がいるから。母に質問をやめさせるにはどうすればいいか，と先生に聞いたこともあります。それでも，母は私に質問を，それも何度もしたがりました。ですが，母が口うるさく聞きさえしなければ，私も話すことはなかったと思います。

それで，とうとう打ち明けると，母はまったく動じていない様子でした。黙って座ったまま，何かしたいことはあるの，と私に尋ねただけでした。ルークがどうして私のことをゲイと呼ぶのか理由を聞く必要もなく，実のところ，母は気づいていたのです。ぶかぶかのズボンをはき，演劇部に何人も男友だちがいて，セレブの女の子に恋をしていた。母は，私のセクシュアリティについて調べる心構えはできていなかったけれども，わざわざ私を傷つけるつもりもなかったのです。母が「あなたがゲイでも心配はいらない」と言ってくれたらと思います。けれども母は，「そんな子，刑務所送りよ」と言ったのです。それはそれでよかったのですがね。

母と私は，いじめっ子ルークに対する戦略を練ることにしました。そして，「同じ廊下を歩かないでくれない？　同じ部屋でランチを食べないでくれない？」と守りに入ってから，「先生に言いつけるからね。あと校長先生と，あんたのマヌケなガールフレンドにもね！」と攻勢に転ずる計画を立てました。こんなプロセスを経験するうち，母は何かを始めようとするときには，まず私に知らせ，私がうんと言わない限り実行には移さないようになりました。

母は，ルークをトラックで跳ね飛ばすのはやめてくれて，その代わりに学校を訪ね，嫌がらせの問題に関心のある親たちに協力を呼びかけました。ゲイ・ストレート・アライアンスや，PFLAG（レズビアンとゲイの親，家族，友人の会）や，アムネスティ支部ほどの団体ではなかったかもしれませんが，嫌がらせの問題について意見を出し合える集まりになりました。月2回の集会をもち，学校で問題を起こす生徒がいると訴え，それ以外に何をしたかというと，母たちが警備を通り抜けて校長室へとなだれ込み，注意と正義を喚起し，それから「カフェテリアにもっとピザを」と要求したときの感動は覚えています。誇らしい気持ちでいっぱいでした。

　母は私に，行動を起こすよう励ましてくれたのです。私が教員室で泣き叫んで訴えると，いたたまれなくなった先生は，ようやく私を別のバレーボールチームに移動させるしかないと言い出しました。ルークが廊下で適当に女の子を指さして，あいつが好きなんだろうと私に聞いてくると，「興味ない！」と断固答えたものでした。ランチのお金をよこせと言っても渡しません。ほかの先生にもルークが私を困らせるという話をしました。そしてハイスクールの最終日には，ルークの顔を目がけてバレーボールをお見舞してやりました。母が見ていると分かってやったのです。

**Q. LGBTQの子どもは，うつ病になったり，自殺を図ったりする危険性が高いのでしょうか？　子どもの行動が心配で，何とかしたいと思っています。**

A. 研究によれば，LGBTQの若者がうつ病になったり，自殺したりする危険性は，そうでない若者と比べて，確かに高くなっていることが示されてはいます。ただ，調査の多くは，LGBTQの若者が，自分を支えてくれる，安心のできる家庭環境に置かれていない場合，こうしたリ

スクが著しく上昇するということも示しています。LGBTQの人がうつ病になりやすいとか，自殺をしやすいとかいうことは，その人の遺伝子構成とは関係ありません。むしろ，自分がコミュニティや，学校や，家庭でどのように扱われているかに対する直接の反応なのです。あなたがまずすべきことは，子どもがどんな行動をとっているかに関係なく，家庭を安心できる場所にすることです。

　率直にアプローチしましょう。そして「学校だけではなく，この世界には，お前を支えてくれる人がたくさんいる。けれども，お前のことを歓迎しない人も中にはいるんだ。だから，外でどんなことがあろうと，家に帰ってくればいつでも支えが見つかるということを知っておいてほしい」と言ってやりましょう。そして至るところで，このメッセージを強調しましょう。

　どんなにわずかなことでも，子どもの変化に気づいたとき（友だちと遊ばなくなった，前より家にこもることが多くなった，前にはしていた趣味や活動に興味がなくなったようだ，など）には，質問をしてみてください。子どもの感情が高ぶっているときに話しかけるのは難しいかもしれません。また，腹を立てたような，ネガティブな答えが返ってくることもあります。子どもが不本意そうにしているとき，一番いいのは引き下がることかもしれません。立て続けに質問をしないようにする一方で，10代の若者は感情的になると，叫んだり，不平不満を口にしたり，人を遠ざけたりするものだということを覚えておくのは重要です。だからといって，子どもがあなたを必要としなくなるわけではありません。励ましてやりながら，また質問をしてください。学区内のサッカー大会に顔を出し，今日一日どうだったと尋ね，一緒に晩ごはんを食べるようにすることです。あなたの子どもがカウンセラーのところに行きたいかどうかを確かめる絶好の機会にもなるでしょう。場合によっては，親以外の誰かの方が気楽に話せるということもありますが，その場合でも，子どものそばにいてやることです。

　もし子どもの行動が大きく変化しているのに気づいたり，子どもの健康に不安を感じたりした場合には，すぐにでもカウンセリングを受けさ

せましょう。LGBTQの問題をよく理解した経験豊富なソーシャルワーカーやセラピストを探してみましょう。子どもが抱えている問題が，セクシュアリティやジェンダー・アイデンティティが必ずしも原因になっているのでなくとも，このような問題に詳しい人と話してみることは重要です。親子でカウンセリングを受ける家族療法という方法もあります。あなたと子どもとの両方が必要としていた感情のはけ口が得られると思います。もし子どもが一人でセラピーを受けたいと言ったら，そのようにさせてください。カウンセリングは，第三者の意見を聞くのに最適な方法です。当事者には，解決や変化の可能性がまったく見えないと思っていても，子どもが一人で行って，信じられないほどの効果をあげる場合もあるものです。

　子どもが，自分の体を傷つけたり，自分や他人を傷つけるようなことをさかんに口にしたりするような，自己破壊的なふるまいをしていたら，すぐに助けを求めてください。

**Q. これからは，政治活動に積極的に取り組んだ方がいいのでしょうか？**

> **ダニエルより**
>
> 私の父は，私の権利を訴えるための看板を掲げて，舗道に立つようなタイプの人ではありません。また，PFLAGに参加したり，「私の娘はゲイ」というタトゥーを腕に入れたりする人でもありません。けれども，自分なりの独特な方法で，いつも私のことを支えてくれています。いざというときには自分の意見を口にするけれども，そうした状況を常に求めているわけではありません。自分の信念を他人に押し付けることはないけれども，必要とあれば，平等のために敢然と戦い，偏見に対して異を唱える人です。私は，父がいてくれるおかげで，自分らしく生きることができます。権利のために戦おうと，年がら年中「権利のために戦う」必要はないのです。自分なりの方法を見つけたらいいでしょう。

A. LGBTQの子どもを持つ親として政治活動に積極的に取り組むという場合には，自分が安心できる方法で行うことです。政治レベルにこだわる必要はまったくありませんが，そうしたいという気持ちがあるのなら，大いに活動に取り組んでほしいと思います。

　LGBTQの若者や，LGBTQコミュニティ全体について多くの情報を知って武装することで，行動に移したいという気持ちになるかもしれません。まず，あなたの言う「政治活動」とはどういうことかを考えてみてください。あなたは，地元や学校で，あなたの子どもやそのほかのLGBTQの子どもたちを支援する必要があると考えているのでしょうか？　地方自治体や，国の議員のことをよく知って，誰に投票するかを決めたいのでしょうか？　もっと大きな規模での，新しい政策や改正された政策を施行する手助けをしたいと思っていますか？　公職選挙に立候補したいと考えているのですか？　政治的に関わるのにはいろいろな方法がありますし，あなたの個性や関心から見て，しっくり来るものもあるでしょう。また，人前で話をする自信はないが，自分の意見を発表する場がほしいと思っているなら，編集者に手紙を書くとか，ブログを開設するとか，歌にするとか，メッセージを込めたアート作品を制作するとか，あなたが持っているスキルや関心を生かした，積極的に政治に関わる方法はいくらでもあります。

　外に出て活動しなくとも，理解があって，頼りになる親でいたいという人は，それで一向に構わないですし，すばらしいことだと思います。そうすること自体が政治的な活動であるという人もいます。LGBTQの子どもの親だからということで，自分がいやだと思うような生活や，行動をすることを他人から強いられることがあってはいけません。私たちの中には，公の場に出て行動するときに輝きを発する人もいれば，もっと微妙な，個人的な方法で物事に取り組む方がやる気になるという人もいます。良い親になるために，あなたはありのままの自分にふさわしい行動をしなければなりません。たとえあなたが今この時点で，政治にはあまり関わりたくないと思っていても，地方自治体や国の選挙のとき，支持できる候補者に票を投じることは，自分の意見を表明するとても強

力な方法です。

## Q. 私が支持する政党は同性結婚に賛成していません。どのように折り合いをつければいいでしょうか？

A. 政党（あるいは，特定の政治家）を支持する場合，多くの要因が関わってきますが，ゲイの結婚は非常に重要な問題なので，考慮すべき点は多いと思います。自分の子どもが政策によって直接に影響を受けるかもしれないからと言って，必ずしもゲイの結婚を支持する候補者に投票しなくともいいのです。けれども，その候補者の政策の意味するところ（あるいは，欠けているところ）や，その他の関連するテーマにもどの程度重点を置いているかについては，必ず理解するようにしてください。

一つの政党を選び，その政党を一生支持しなければならないとか，その政党の意見には全面的に同意しなければならないとか考える人は多くいます。特定の問題について考慮しないで，あらゆる点で自分の意見を正確に代弁している人に投票しようと思うことも多いかもしれません。そのようなことをするのは不可能に思えます。ある候補者の，外交や，教育や，環境や，移民などの政策（極めて重要な問題であればどんなことでも）は支持できるけれども，結婚の平等や銃規制に対する見解（これもまた，極めて重要な問題であればどんなことでも）には賛同できないということがあると思います。そこで，あなたにとって意味のあることのリストを作って，優先順位をつけてみましょう。そして，あなたにとって特に重要なことに従って投票をすることです。ある政治家は，ゲイの結婚に反対しているが，教育や，移民や，医療の分野に対して非常にためになる別の法案には賛成しているということはあり得ます。何が一番重要かを決めて，難しいことかもしれませんが，最終的には自分で答えを出さなければいけません。なぜ自分がそのような決定をしたのか理由が分かっているなら，あなたの持論に対して疑問を抱いたり，反論したりする人に，その考えを伝えることができるでしょう。

あなたがどのようなプロセスをたどっているかを，子どもにも話してやってください。どうしてそのような結論や決定に至ったのかを伝えてください。あなたの子どもに対して，あなたはさまざまな形で支えになっていること，あなたの政治的関心と相容れないところがあったらいつでも話し合えるということも，必ず言ってやりましょう。子どもの方から何か問題があると言ってきたら，進んで耳を傾けましょう。子どもと話し合い，あなたの意見を掘り下げていくことで，あなたの政党に対する立ち位置が変わってくることがあるかもしれません。それは多分ゆっくりとした変化かもしれないし，突然起こることかもしれないし，まったく何も起こらないかもしれません。理性と感情を同じように働かせて，行き先を決めていきましょう。私たちは誰でも，さまざまな要因に基づいて決定を下します。それぞれの要因の重要性は，その人の人柄や経験によって違います。あなたの子どもは政治的な決断を下すのに，ゲイの結婚や権利以外の要因に重きを置くようになることもあるかもしれません。あなたとあなたの子どもがこれから進む道は，いつも歩きやすいとは限りませんが，2人はこの経験から多くのことを学ぼうとしているのです。

---

**親の側から**　　　　　　　　　　　　　　　　**ジェイムス（42歳）**

## コミュニティで活動しよう！

　私の妻のキャサリンは，リーダーシップを発揮するタイプです。妻と私は，息子のマイケルについて2度ほど話し合ったことがありました。妻はマイケルがゲイだと知っているけれども，親に打ち明けてくれないのが不満なようです。妻はマイケルの口から聞きたいのです。私たちは何日も話し合い，それから妻は，とうとうマイケルを質問攻めにしました。

　そのとき私は下の階にいたのですが，キャサリンが降りてきて，

「あなた。マイケルから話があるから部屋まで来てほしいって」と言いました。それが何の話か，私には分かっており，マイケルの部屋に行きました。マイケルはベッドに寝そべっていました。私は「話って何だい？　言いたいことは分かっているが，とにかく言ってごらん」と尋ねました。するとマイケルは，「ねえ，パパ。実は，僕はゲイなんだ」と答えたのです。余計なおしゃべりは一切なしで，それだけを言いました。私は息子をぎゅっと抱きしめ，いくつか質問をしました。私は，ひどくショックを受けたわけではなかったので，口を利けなくなるとか，言葉を失うとかいう状況にはなりませんでした。ほかの親たちが言うような，油断していたということもなかったと思います。

　キャサリンと私の政治的見解は中道的です。財政面では保守的ですが，社会的なものの見方は非常に進歩的です。私たちの政治的傾向は，たいていの場合は，協力的ということでした。そして最悪の場合でも寛容であるということでした。しかし，マイケルがゲイであるとカミングアウトしたあと，私たちは積極的行動主義へと転換したのです。そしてすぐさま，それに熱中しました。キャサリンはインターネットを通じて，支援のためのリソースを集め始めました。私たちのDNAがそうさせるのでしょうね。仕切るのはいやでも，先頭に立ってペースメーカーを務めるのは得意なのです。

　私にとって忘れられない思い出の一つは，3月の肌寒い日に，サウスカロライナ州チャールストンのダウンタウンにあるカスタムハウスの階段で行った集会です。あれはすばらしい会でした。マイケルは街を離れていましたが，私たちは息子の支援のためにカスタムハウスに来ていました。キャサリンと私は，マイケルが参加しているセーフスペース（訳注：LGBTQを嫌悪する人から守られた場所）のグループの大勢の人たちと一緒でした。最高の公開ミーティングだったと思います。

　抗議する人もいなければ，見苦しい場面もなく，愛と団結というとても前向きなメッセージが伝えられたと思います。そこで今度大

集会に参加するときには，私たちが先頭に立ち，ベストを尽せるように,チアリーダー役を務めるつもりでいます。私たちは，より進んだ社会的サポートをする側に立つという選択をしました。このことが，どのように投票し，何に対して資金を提供するかを決める上での第一要素となっています。何かの先頭に立つことができたら，それ はすばらしいことです。

## Q. 支援グループに入った方がいいのでしょうか？

**クリスティンより**

私は，自分の母親が，私のセクシュアリティについて話し合う支援グループを探すような人だと思ったことは一度もありませんでした。だから，私がカミングアウトして3年くらい経ってから，母の車の後部座席にPFLAGのパンフレットが置いてあるのを見つけたときには，本当にとても驚きましたよ。

『そうなのよ！　PFLAGって知ってた？　そこの人たちが，うちの職場に話をしに来たから，あなたのことも言っておいたからね』と熱く語りだしたのです。母が「PFLAG」を連呼するのがおかしくてしかたなかったのですが，それはおくびにも出さず，何があったのか聞いてみました。大げさな話ではなく，母はすっかり有頂天でした。母は若い女性に，その人の生活について山ほどの質問をしていました。どうやって自分がゲイだと分かったのかとか，親御さんはそのことをどう思ったのかとか，そんなことです。その最初の経験のあとで，ゲイの人や，ゲイの子どもを持つ親が作るコミュニティの人たちと話をするようになりました。周囲の人たちから情報を集めているうちに，次第に私にも気楽に質問できるような気がしたそうです。PFLAGでの経験が，母にとっての重要な転機になったのでしょう。

A. あなた自身が，そうするのがいいと思うのでしたら，ぜひグループに参加してください。そうしなければいけないということはありませんが，グループに参加することですばらしいコミュニティと出会えたという親は大勢います。支援グループがどんな活動をしているかをよく理解し，グループに参加して雰囲気をつかんでから，それを道案内にして，今後自分がどうしたいかを決めるといいでしょう。

## どんなところか

アメリカのPFLAGのような支援グループは，各地のLGBTQコミュニティセンターでミーティングを開いていますが，一般の人も参加できるようになっています。ミーティングは，LGBTQの若者の親や友人だけを対象としているものや，家族，友人，若者本人が参加できるミーティング（よく「ミキサー」と呼ばれます）もあります。ミーティングは各地で開催されますが，普通，支援グループは，参加者全員が円形に並べたイスに座って話し合えるようになっています。ほとんどのミーティングは自己紹介から始まり，その週にあった出来事について何か言うこともあります。自分の子どもについて話す心構えができていないときは，話さなくとも構いません。話したい人は話し，聞いていたい人は黙っていてもいいのです。普通はモデレーターがいて，会話のポイントを示して，グループのガイド役を務めます。ポイントとなる話題には，宗教やセクシュアリティといった複雑なものから，10代の子どもの門限をどう思うかというような単純なものまであります。このようなミーティングはたいてい，共通点を持つ人を集めることを目的としています。話題は，メンバーから提示されることが多いです。ミーティングは，会議室，教会，図書館などの公共スペースや，誰かの自宅で開かれます。参加費は無料で，組織は，守秘義務の方針に則って会の運営をします。ミーティング中の発言や，ミーティングの参加者については非公開とされます。

## 何をしてもらえるか

　コミュニティに参加し，LGBTQの親かもしれない人たちと一緒に座ることの利点は，自分と似たような経験をしている（あるいは，していた）人たちと出会えることです。LGBTQの若者にとって，自分と同じ疑問や不安を抱えている人々と交流しないのは損失であるように，親であるあなたにとっても，同じ疑問を持っている人がほかにもいることを知らずにいるのは損失と言えます。支援グループは，人からジャッジされるという不安を感じることなく，ありのままの自分でいられるスペースを提供してくれます。そもそも支援グループのミーティングは，「自分の疑問を人に話すのが恐い」という人を温かく迎えるための場所なのです。

　セルジオは，息子のダンから最近カミングアウトされました。そのセルジオにとって大きな一歩となったのは，ほかにも同じ経験をしている家族がいるのに気づいたことだと言っています。「ゲイの子どもを持つ人がいたら，助けてやりたい」とセルジオは言います。「こういう場所があることを知ってほしい。そして，子どもさんはカミングアウトしても，少しも変わっていないと分かってもらうための手伝いをしたいですね」。PFLAGのようなグループは，あなたの不安を理解してくれる人との出会いを与えてくれます。それから，あなたと同じ経験をしている人がほかにもいることを知らせ，支援が必要なときにはそのための方法も教えてくれます。ここでの会話は，自分の気持ちを知る上でとても助けになりますし，将来に対する心構えをするのにも役立つでしょう。

　ここまでの話が何もかもすばらしいと思えたら，あなたには地元の支援グループのミーティングに出ることをお勧めします。でも，友人や家族がいれば十分だと思っているかもしれませんね。あるいは，まったく別の方法で，自分の気持ちを整理したいと思うこともあるでしょう。支援グループのミーティングに参加しなくとも，子どもの支えになることはできます。けれども，支援グループに参加することは，あなた自身をサポートするための一つの選択肢なのです。

> **Q.** 子どもを困惑させずにプライドを示すには，どうすればよいでしょう？

**A.** 自宅のリビングルームをレインボーカラーで塗り分けたり，飼い犬の毛を紫色に染めたりはしないでください。まず基本に従いましょう。

真面目な話，ゲイの子どもの親として，あなたの子どもやLGBTQコミュニティに対してプライドを持つことはすばらしいことです。あなたのその意志を大切にし，自由にプライドを示してください（そうすべきです）。けれどもあなたのプライドは，あなたの子どものものとは違っているかもしれません。ですからプライドを持つことも大切ですが，子どもを尊重することも忘れないでください。

LGBTQコミュニティの中にはさまざまな人がいます。レインボーカラーのレオタードを身に着けフェザーボアを首に巻いて派手に着飾り，世界中のゲイ・プライドのパレードで行進するのが好きだという人がいます。大きなLGBTQコミュニティではあまり自分を主張したくないし，ほかのLGBTQの人たちと一緒に活動に参加して自分のアイデンティティを定義したり表現したりする必要は感じられない人もいます。また，その中間という感じの人もいます。時々はプライド・セレブレーションに参加して，大きなコミュニティの一員であるという気分を味わいたいけれども，普段は派手なことはせず，ただ人間らしくありたいと感じている人たちです。同じことが，LGBTQの若者の親や，友人や，家族にも当てはまります。ありのままの自分に「プライド」を持つ方法はいろいろですから，あなたの子どもがまったく同じように考えているわけではないということもあり得ます。

LGBTQ団体からレインボーフラッグやTシャツを買うことが，「あなたのすることに賛成！　あなたが大好き！　最高！」と表明する方法になるかもしれませんが，あなたは自分一人だけで旅をしているわけではありません。あなたの旅は，子どもと一緒に歩む旅なのです。まず子どもに，誇りに思っていると伝えましょう。しかし子どもは，最初「やだなあ，ママ。お願い。いいから，やめて。本当。どうして家でおとな

しくしていてくれないの？」と言うかもしれません。そのときは，子どもを困らせたり，知らない人にセクシュアリティのことを明かしたりは決してしないと言ってやりましょう。それから，コミュニティに参加することで，あなたの子どもの生き方を邪魔するわけではないと説明し，「お前のことが好きで，支えてやりたいと思うから，自分なりのやり方でそれを表現してみたいと思ったの。分かった？」と言ってやることです。子どもには，あなたがプライドを持っているからといって，ビーズのネックレスを無料で配っているイベントに引きずり出そうとしているわけではないと知らせてやらなければいけません。あなたは自分で選択することができますが，子どものプロセスを邪魔しないように気をつけてください。

　子どもが，声を上げてプライドを示すことを望まないのなら，一人で（あるいは，友人や家族と一緒に）参加できるグループを探してみましょう。PFLAGのようなコミュニティセンターやグループでは，LGBTQコミュニティともっと深く関われる楽しい方法を紹介しています。そのような情報は，プライドを示したり，サポートをしたりするだけではなく，同じ関心を持っている，ほかの親たちとのネットワークを作るのにも役立ちます。

## この章のまとめ

＊

　どんな形であっても，あなたからの支えは，これからずっと，あなたの子どもの旅に欠かせないものになります。

＊

　子どもがいじめに遭っているときには，質問をして，情報を手に入れ，可能であれば子どもと一緒に対策・計画を立てましょう。子どもが危険な状態にあると思ったときには，計画がどうなっているかを伝えてやってください。

＊

　学校の経営者といじめの問題について話し合うときには，学校の方針や自治体の政策を知り，ほかの親たちと協力態勢をとり，特定の出来事ではなく，学校全体のことに集中しましょう。

＊

　必ずしも政治活動に力を入れなければならないということはありません。けれども，そうした方がいいと感じたときには，地元で活動に参加するための良い方法が見つかるかもしれません。

＊

　政党の考え，立ち位置と折り合いをつける方法は，一つとは限りません。投票するときに優先したいことを一覧にして，それについて子どもと話し合ってください。

＊

　支援グループは，同じような経験を持つ人たちが強く結びついたコミュニティです。けれども，あなたがそこに参加するかどうかは，あなたの関心やニーズに従って決めてください。

＊

　あなたの子どもとLGBTQコミュニティを誇りに思うのは，大変すばらしいことです。まずは，あなたの子どもが，どうしてほしいと考えているかを尊重しましょう。

# さらに前へ進みましょう

やりましたね！

あなたはこの本を読み通しました。それとも，あなたの疑問の答えになる一文を探しつつ，行ったり来たりしたかもしれません。ここでちょっと種明かしです。魔法の一文というものはありません。ですから，行ったり来たりしながらここまでたどり着いた人には，この本を最初から読み返すことをお勧めします。そうではない人は，時間をかけて，自分の子どもが何を考えているのか，自分の頭の中で何が起こっているのか，そして，この2つを1つにまとめる最善の方法は何かを知ろうとしました。それはとてもすばらしいことです。

あなたがこの本を読んだことで，対話すること，辛抱すること，反省することの大切さを実感してくれればと思います。正直にオープンな会話をすることは，転機を迎えたあなたの家族の生活にとって大切なことです。あなたの子どもは，今のこの時点では，対話に加わる心構えができていないかもしれませんが，子どもが自分の問題に取り組んでいる間，あなたは自分の時間を使って情報を集めることはできます。辛抱強さは，子どもにとっても，あなた自身にとっても，とても重要なことです。子どもは，自分自身を理解しようと一所懸命になっているでしょう。あるいは，新しい自分のことを知って，安心しているのかもしれません。そのためには時間がかかります。それと同時に，あなたも新しい現実に適応しようとしています。すいすいと，ことが運ぶこともあるでしょう。とんでもなく難しい状況になることもあるでしょう。しかしどちらにしても，ほかの誰よりも時間をかけてその旅を歩むことこそ，親の務めと言えるでしょう。私たちはそれぞれ違った道を歩んでいます。大切なのは，その道は理解と愛情へと通じているということです。

子どものカミングアウトにつきものの難題に直面している親は，努力をしてもちゃんとした評価をしてもらえないものです。その上，これはあなたのカミングアウト・プロセスでもあるのです。子どもを助け，子どもを愛し，子どもを支えるためにたくさんの注意を払うことは，確かに非常に大切なのですが，その子どもの親であるあなたにもサポートが必要だということは忘れられがちです。サポート以上に，励ましが必要です。そして励まし以上に，賞賛が必要です。あなたはすばらしいことをしているのです。そのことを忘れないように。

　だから，お礼の言葉を言わせてください。あなたがすばらしい親でいてくれて，本当にありがとうございます。

# 用語集

このような本に用語集は不可欠ですが、私たちはLGBTQ用語を決めたり、作ったりする立場にはないということをご理解ください。ここに掲載した用語の多くは、複雑な概念を表しているものです。そして、この用語集にはすべての用語が取り上げられているというわけではありません。用語、特に呼称は、自己定義されるものです。よく似た性的指向やジェンダー・アイデンティティを持っている人同士でも、アイデンティティを表現する言葉は、まったく違うものになることがあります。ですからこの用語集では、用語の定義として基本的な意味を載せるようにしました。もっとほかの用語を知りたい、まだよく分からないという場合には、ほかの資料も調べてみてください。199ページに参考資料をまとめてあります。

## 英数字

**FTM (F2M)**：女性から男性になるトランスジェンダーまたはトランスセクシュアルの人のこと。FTMを自認するときでも、外科手術が必要なわけではありません。「トランスマン」の同義語として使われます。

**GSA (またはQSA)**：GSAは「ゲイ・ストレート・アライアンス」、QSAは「クィア・ストレート・アライアンス」の略で、ミドルスクールやハイスクールや大学で活動するクラブです。GSAの活動や目標はさまざまですが、主に支援、支持、社会交流のための場を提供する役割を果たします。

**LGBTQ**：レズビアン、ゲイ、バイセクシュアル、トランスジェンダー、クィアまたはクエスチョニングの頭文字をとった略語。この略語は、インターセックスや、アライや、そのほかのアイデンティティの意味も含めるために、いろいろ変化したり、文字が追加されたりすることがあります。

**MTF (M2F)**：男性から女性になるトランスジェンダーまたはトランスセクシュアルの人のこと。MTFを自認するときでも、外科手術が必要

なわけではありません。「トランスウーマン」の同義語として使われます。

**PFLAG**：レズビアンとゲイの親，家族，友人の会の略。1972年にアメリカに設立された非営利組織で，アライとして，また，LGBTQの家族や友人を支援するネットワークとしての役割を果たしています。

## あ

**アセクシュアル (asexual)**：ほかの人に性的な魅力を感じない人をアセクシュアル，または無性愛者と言います。ただ，アセクシュアルの人でも恋愛感情を抱くことは多く，恋愛関係を結ぶ人もいます。

**アライ (ally)**：自分自身はLGBTQではないが，LGBTQのコミュニティを支援したり，社会問題や政治問題を支持するLGBTQコミュニティの活動に協力や支援をしたりする人。

**異性愛者**→ヘテロセクシュアル

**異性愛主義 (heterosexism)**：異性愛をよしとする態度，偏見，差別のこと。異性愛主義には，自分以外の人も異性愛者であり，異性愛者が「普通」，あるいは，異性愛者はどんな性的指向よりも優れているという思い込みが含まれています。

**インターセックス (intersex)**：男性と女性と両方のマーカー（外部生殖器，ホルモン，染色体）を持って生まれた人を示す語。インターセックスには少なくとも16種類の形があります。インターセックスの乳児は，医師によって外科手術またはホルモン療法を受けることによって，すべてのマーカーが男性か女性のいずれかに揃えられますが，このことがあとになって，発育上の問題を引き起こす原因になることがあります。「ハーマフロダイト，半陰陽 (hermaphrodite)」と呼ばれることもありますが，これは侮辱的な表現と考えられています。

## か

**カミングアウト (coming out)**：LGBTQの人がほかの人に，自分がLGBTQであることを自発的に打ち明けるプロセス。これに対して，

そうしたいと思っていないのに自分のアイデンティティをほかの人に知られた場合には「being outed」と言います。

**間性**→インターセックス

**クィア** (queer)：ヘテロセクシュアルやシスジェンダーではない人を意味する包括的な語としてよく使われます。特に年配の人にとっては，今でも侮蔑的な言葉と見なされていますが，そのような人を元気づける言葉として使う人もいます。また，学術界で「クィア」と言えば，社会的な期待や規範に当てはまらない行動，傾向，アイデンティティについて議論する手段として，もっと広い意味で使われる用語です。

**クロスドレッシング** (cross-dressing)：服装，メークアップ，髪形，バインディングなどによって，割り当てられた性別とは違うジェンダーを表現すること。シスジェンダーの人は「クロスドレッシング」という語を，「性別にまたがる」服装という意味ではなく，そのような服装をする人のジェンダーが反映されているものとして使うことがよくあります。そのためこの語は，トランスジェンダーの人に対する侮蔑や無知の表れとして解釈されることもあります。

**クローゼットにいる** (closeted)：自分はLGBTQであると認識している人がLGBTQであることをほかの人に打ち明けていない状態。誰にも打ち明けない場合，ほとんどの人に打ち明けない場合，特定のグループにしか打ち明けない場合など(たとえば，家族には打ち明けるが，友人には黙っている)があります。

**ゲイ** (gay)：同じジェンダーの人に対して性的魅力や恋愛対象としての魅力を感じる人。

## さ

**ジェンダー** (gender)：普通ジェンダーは，生まれたときに性別と一緒に割り当てられますが，身体的な外見，服装による表現，活動，態度と関連して，はるかに広い意味を持ちます。

**ジェンダー・アイデンティティ** (gender identity)：自分のジェンダーのスペクトラム(連続体)に従ったジェンダーに対する自認。ジェンダー・

アイデンティティには，性別（男性，女性，間性），性別に対する自認（トランスマン，トランスウーマン），男性または女性としてのスペクトラム上の位置，ジェンダーに従った態度（ジェンダークィア，ジェンダーフルイドなど）が含まれます。

**ジェンダークィア** (genderqueer)：自分のジェンダー表現やジェンダー・アイデンティティが，割り当てられた性別と正確に一致していない人を総括したアイデンティティ。

**ジェンダー表現** (gender expression)：男性的または女性的と見なされる，社会的な服装や行動の形。ジェンダー表現はジェンダー・アイデンティティと関係がありますが，その人のジェンダー・アイデンティティが，ジェンダー表現から想像できるとは限りません（つまり，「男っぽい」服装や，両性具有のような服装をしていても，アイデンティティが女性ということがあります）。

**ジェンダーフルイド** (genderfluid)：ジェンダーが流体のように，常に変化しているように見えるジェンダー・アイデンティティ。

**シスジェンダー** (cisgender)：生まれたときに割り当てられた性別と，自分が社会的，感情的，肉体的に認識している性別とが一致しているジェンダー・アイデンティティ（たとえば，生まれたときの性別が男の人が男であることを自認すれば，シスジェンダーの男性です）。

**社会的トランジション** (social transition)：トランス\*の人が，外科手術やホルモン療法によらずに，あるジェンダーから別のジェンダーに移行すること。カミングアウトや，髪形，服装，呼び名，名前，活動を変えることも社会的なトランジションです。

**身体的トランジション** (physical transition)：トランス\*の人が自分のジェンダー・アイデンティティに合うように体を変化させること。ホルモン療法や外科手術が含まれることがあります。

**ストレート** (straight)：自分とは「反対の」ジェンダーに対して性的魅力や恋愛対象としての魅力を感じる人を表すのに使われる語です。「ヘテロセクシュアル」よりも一般的に使われます。

**性感染症** (sexually transmitted infections, STI)：人と人との間で，膣性交，

オーラルセックス，アナルセックスなどの性行為を通じて感染する可能性が高い病気のことです。以前は，性病 (sexually transmitted diseases, STD) という語も使われていましたが，不快な印象をあまり与えない「感染症 (infection)」という表現が好まれるようになりました。

**性的指向 (sexual orientation)**：ある人が感じる性的魅力，情愛を注ぐ対象としての魅力，情緒的魅力および恋愛対象としての魅力を表す語。その人の性的指向を示す語として，ホモセクシュアル，ヘテロセクシュアル，バイセクシュアル，アセクシュアル，ゲイ，ストレート，クイアなどがあります。

**性別 (sex)**：生まれたときに，外部生殖器，ホルモン，染色体などの，性別を示すマーカーに基づいた男性，女性，間性という分類。

**性別適合手術 (sex-reassignment surgery)**：いわゆる，性転換手術 (sex-change operation) のこと。ある人の外部生殖器を形成外科手術によって身体的に変化させます。トランス*コミュニティでは，性別適合手術の方が好ましい表現とされています。

**セクシュアリティ (sexuality)**：性的指向 (sexual orientation) と同じ意味で用いられる場合があります。実際にはセクシュアリティという語には，ある人の性的指向，生物学的性，ジェンダー・アイデンティティ (性自認)，性行為などの要素が含まれています。

**通性代名詞 (gender-neutral pronouns)**：ジェンダーを表すのに，「彼 (he/his)」と「彼女 (she/her)」の2種類に限定されないよう，ジェンダーにこだわらない人が使用する代名詞。

**全性愛者**→パンセクシュアル

## た

**同性愛者**→ホモセクシュアル

**ドラァグキング (drag king)**：特に演技やパフォーマンスのために男性の服装をする女性。ドラァグキングは，普段の生活でのジェンダーは男性ですが，必ずしもトランス*を自認しているわけではありません。

**ドラァグクイーン (drag queen)**：特に演技やパフォーマンスのために女

性の服装をする男性。ドラァグクイーンは、普段の生活でのジェンダーは女性ですが、必ずしもトランス*を自認しているわけではありません。

**トランジション (transition)**：トランス*の人が生まれたときに割り当てられた性別から、自分のジェンダー・アイデンティティと一致するジェンダーへ移行するためのプロセス。トランジションには、社会的なものと身体的なものとがある。

**トランス* (trans*)**：ジェンダー・ノンコンフォーミングであるすべての人を示す包括的な語です。トランスジェンダー、トランスセクシュアルなどあらゆるジェンダー・ノンコンフォーミングのアイデンティティが、この中に含まれます。「*（アスタリスク）」は、ジェンダー・ノンコンフォーミングのコミュニティの中には、さまざまなアイデンティティが存在することを示す印です。

**トランスジェンダー (transgender)**：ジェンダー・アイデンティティが、生まれたときに割り当てられた性別と一致していない人。

**トランスセクシュアル (transsexual)**：生まれたときに割り当てられた性別とは異なるジェンダー・アイデンティティの人を示す語です。トランスセクシュアルの人は、必ずというわけではありませんが、ホルモン療法や外科手術を受けて、身体的トランジションを行うことが多いです。その人が、外科手術を受ける予定のときには「手術前 (pre-op) トランスセクシュアル」、手術を受けたあとのときには「手術後 (post-op) トランスセクシュアル」、手術を受けるつもりがないときには「手術しない (non-op) トランスセクシュアル」という風に言い分けることがあります。

**トランスフォビア (transphobia)**：ジェンダーに対する自己認識や表現が、社会の慣習に従って、自分に割り当てられた性別と「一致」していない人に対する恐怖、無知、不寛容など否定的な態度や行動。トランスフォビアはトランス*を自認している人もそうでない人も標的にします。

## は

**バイセクシュアル，両性愛者 (bisexual)**：女性と男性の両方に性的魅力を感じられる人（「パンセクシュアル」も参照）。

**バイフォビア (biphobia)**：バイセクシュアルやパンセクシュアルの人に対する恐怖，無知，不寛容など否定的な態度や行動。バイフォビアは，故意かどうかにかかわらず，LGBTQ コミュニティの中でも見られます。

**バインディング (binding)**：バインディングは，伸び縮みするバインダーや，包帯や，テープを使って乳房を締めつけ，胸を平らに見せることを言います。トランス＊の人が自分を男性として通すためによく行います。

**パス (pass)**：トランス＊のコミュニティで，ある人が，生まれたときに割り当てられた性別ではなくて，自認したジェンダーとして見られる（「パスする」）ようになったときによく使われる語です。

**パンセクシュアル (pansexual)**：ジェンダーに関係なく，すべての人に対して魅力を感じる人。パンセクシュアルの人は自分のことを，ジェンダーは2種類ではないと示すことでバイセクシュアルとは区別しています。つまり，アイデンティティが男性か女性かに厳密に決められない人に対しても魅力を感じているというわけです。

**プライド (pride)**：LGBTQ コミュニティでは，LGBTQ であることを祝福する意味でよく使われる語です。多くのコミュニティがプライド・イベントを開催して，LGBTQ であることのすばらしさを訴え，すべての性的指向やジェンダー・アイデンティティの団結と幸福を表現します。

**ヘテロセクシュアル (heterosexual)**：自分とは違うジェンダーの人に対して性的魅力や恋愛対象としての魅力を感じる人。

**ホモセクシュアル (homosexual)**：自分と「同じ」ジェンダーの人に対して性的魅力や恋愛対象としての魅力を感じる人。

**ホモフォビア (homophobia)**：LGBTQ の人に向けられる，恐怖，無知，不寛容など否定的な態度や行動（「バイフォビア」「トランスフォビア」の項も

用語集

参照)。ホモフォビアの程度には，ちょっとした仲間はずれから，いじめ，憎悪犯罪まで，さまざまあります。

---
ま
---

**無性愛者**→アセクシュアル

---
ら
---

**両性具有** (androgynous)：はっきりと「男性」か「女性」かの見分けがつかない人を示す語。肉体的に両性具有である場合と，発現することで両性具有になる場合と，その両方の場合とがあります。

**レズビアン** (lesbian)：ゲイの女性。自分をレズビアンと呼ぶ人もいれば，ゲイやクィアなど，別の呼び方を望む人もいます。

# 資料一覧

本書で扱ったテーマに関連した支援団体や，セクシュアリティ・ジェンダー・家族などの多様性について考えを深めるための情報源をまとめました。英語によるものには英，日本語によるものには日と表示しています。

※原書掲載のサイトで，2015年12月現在，アクセスできないものは省略しました。

### 家族，親であること

**LGBTの家族と友人をつなぐ会 日**

lgbt-family.or.jp

LGBTへの偏見や差別をなくし，あらゆる人々が性の多様性を認め合える社会を作るための活動をしている団体です。

**NPO法人GIDmedia 日**

gidmedia.org

性同一性障害に関する支援を目的とするNPO法人です。

**PFLAG（レズビアンとゲイの親，家族，友人の会）本部 英**

www.pflag.org

アメリカ国内で最大の家族とアライ（訳注：自身はLGBTQではないがLGBTQを支援している人）による組織。親，家族，友人，ストレートのアライと，LGBTQの人たちとの連合により設立されました。PFLAGでは，支援，教育，支持を三本柱として，LGBTQの人の平等と社会への受け入れを促進することを目指しています。

**The Parents Project（親のためのプロジェクト）英**

www.theparentsproject.com

LGBTQの子どもを持つ親のために，アドバイス，動画コンテンツ，リソースを専門に提供するウェブサイトです。トップページには本書が紹介されています。

■いじめについて

Gay, Lesbian, and Straight, Education Network（GLSEN。ゲイ・レズビアン・ストレート教育ネットワーク）英

www.glsen.org

性的指向やジェンダー・アイデンティティやジェンダー表現にかかわらず，誰にとっても安全な学校の実現を目指す全国的な教育団体です。

Safe Schools Coalition 英

www.safeschoolscoalition.org

学生，教育者，コミュニティのメンバーを対象として，LGBTQの若者にとって安全な学校環境を創出するための情報，リソース，スキル取得を目指すトレーニングを提供する活動を国際的に展開しています。

StopBullying（アメリカ合衆国保健福祉省「いじめをなくそう」）英

www.stopbullying.gov

アメリカ政府のウェブサイトの一つで，さまざまな政府機関が提供する，いじめやネットいじめに関する情報が掲載されています。

## 子どもたちのために

Everyone Is Gay（みんなゲイ）英

www.everyoneisgay.com

本書の著者が設立したLGBTQの若者のための組織。インターネット上でのアドバイス，ビデオ，リソースの提供のほか，ハイスクールや大学への出張講演も実施しています。

I'm from Driftwood 英

www.imfromdriftwood.com

「各地にいるゲイの人たちの実話」を紹介するオンライン動画を見ることができます。

It Gets Better Project（「より良い未来はある」プロジェクト）英

www.itgetsbetter.org

世界中のレズビアン，ゲイ，バイセクシュアル，トランスジェンダー

の若者のための変化を目指し，希望を与える活動をオンライン上で行っています。

Youth Guardian Services 英

www.youth-guard.org

若者たちが運営する非営利組織。主な活動であるメーリングリスト「Youth Talk Lines」は，LGBTQと支援を行うストレートの若者とが，安全な場所でいろいろなテーマについて語り合うことができます。

## ■小さい子ども向けの本

『いろいろかぞく』 日

トッド・パール (著) ／ほむら ひろし (翻訳) ／フレーベル館 (2005年)

この絵本には，パパふたり，ママふたり，いろいろな家族が登場します。

『タンタンタンゴはパパふたり』 日

ジャスティン・リチャードソン，ピーター・パーネル (著)

ピーター・コール (絵) ／尾辻かな子，前田和男 (翻訳)

ポット出版 (2008年)

ロイとシロの2羽のおすペンギンは，一緒に巣作りをしますが，なかなかうまくいきません。そこで飼育員が卵を置いてやると，2羽は卵をあたため，やがてひなが生まれます。

『The Harvey Milk Story』 英

Kari Krakow (著)

Ridley Park, Pennsylvania: Two Lives Publishing (2002年)

ゲイの権利を訴えたハーヴェイ・ミルクの生涯を写真とともに綴った一冊。

『My Princess Boy』 英

Cheryl Kilodavis (著) ／ NewYork: Aladdin (2011年)

ダイソンという男の子は，ピンクの色や，きらきらしたものが大好き。ジーンズもはくけれど，ドレスも着ます。

■ 10代の子ども向けの本

『LGBTQ ってなに？ セクシュアル・マイノリティのためのハンドブック』 日

> ケリー・ヒューゲル (著) ／上田勢子 (翻訳) ／明石書店 (2011年)
> 自分のセクシュアリティに疑問を持っている，あるいは，もうカミングアウトをしている10代の子どもたちに宛てた率直なメッセージとアドバイス。カミングアウト，サポートの受け方，LGBTQの権利に関する運動の現状などについて書かれています。

『Queer: The Ultimate LGBT Guide for Teens』 英

> Kathy Belge, Marke Bieschke (著) ／San Francisco: Zest Books (2011年)
> 10代のLGBTQの子どもたち向けに，カミングアウトや，セックスとの関係など，さまざまなテーマについて網羅した本。著者はいずれもクィアの問題に詳しい。


## ジェンダーについて

National Center for Transgender Equality (全国トランスジェンダー平等センター) 英

> www.transequality.org
> 主にトランスジェンダーの人たちの法的権利に取り組む団体です。

■ ウェブサイト

The Gender Book 英

> www.thegenderbook.com
> ジェンダーに関する問題を幅広くまとめた，オンラインで読める本。誰でも読むことができます。

TransHistory 英

> www.tghistory.org
> トランスジェンダーの歴史を，紀元3世紀から見ることができるインタラクティブな年表。

## ■本

『Transgender 101: A Simple Guide to a Complex Issue』英

 Nicholas M. Teich（著）／New York Columbia University Press（2012年）
 トランスジェンダーの人たちが経験する心理的，身体的，社会的な問題を幅広く取り上げています。トランスジェンダーの人ならではの体験や，また，ジェンダーの複雑さについても読むことができます。

『Transgender History』英

 Susan Stryker（著）／ Berkeley, CA: Seal Press（2008年）
 20世紀半ばから現在に至るまでの，トランスジェンダーの歴史に関する研究。

『Transitions of the Heart: Stories of Love, Struggle and Acceptance by Mothers of Transgender and Gender Variant Children』英

 Rachel Pepper（編）／ Berkeley, CA: Cleis Press（2012年）
 トランス*の子どもを持つ母親たちの，子どものトランジションを通じて体験したいろいろな物語が読めます。

『Trans-Kin: A Guide for Family and Friends of Transgender People』英

 Eleanor A. Hubbard, Cameron T. Whitley（編）
 Winter Park, FL: Bolder Press（2012年）
 トランスジェンダーの人の友人，家族，アライの体験談を集めています。

## ■映画

『Gendernauts: A Journey Through Shifting Identities』英

 Monika Traut（監督）／ New York: First Run Features（1999年）
 自分に割り当てられた性別とは違った生き方をするトランス*の人たちを追った映画。パフォーマンス・アーティストのアニー・スプリンクルや，インターネット活動家のサンディ・ストーンも参加しています。

『Transgeneration』英

 Jeremy Simmons, Thairin Smothers（制作）
 Sundance Channel（2005年）

資料一覧

4人の大学生のトランジション経験を全8話で綴るドキュメンタリー番組。

## 最新情報を知る

### LGBT - ハフィントンポスト 日
www.huffingtonpost.jp/news/lgbt/
日本版『ハフィントンポスト』のLGBT関連ニュースのコーナー。

### 虹色 - LGBT特設サイト（NHKオンライン）日
www.nhk.or.jp/heart-net/lgbt/index.html
NHKの番組「ハートをつなごう」から生まれた，性のありようを考えるサイト。自分と他人の性にもう一度向き合うサイトとして，さまざまな情報を提供しています。

### Gay and Lesbian Alliance Against Defamation（GLAAD。中傷に対するゲイとレズビアンのアライアンス）英
www.glaad.org
ニュースメディア，エンターテインメントメディア，ソーシャルメディア，文化施設を運営して，一般の人々にLGBTQの問題を考えさせる活動に取り組む団体としてよく知られています。

### HuffPost Gay Voices 英
www.huffingtonpost.com/gay-voices
インターネット新聞『ハフィントンポスト』が運営する，LGBTQ問題に関してさまざまな観点から記事を紹介するサイト。

### Human Rights Campaign（ヒューマン・ライツ・キャンペーン）英
www.hrc.org
アメリカ有数のLGBTQ支持運動組織。ウェブサイトでは資料や，さまざまな問題への取り組みが紹介されていて，LGBTQのあらゆる権利に関する現状を理解し，追加情報を知るのにとても役立ちます。

## 法的権利について

### 同性婚人権救済弁護団（LGBT支援法律家ネットワーク有志）🇯🇵

lgbt.sakura.ne.jp/lgbt/

現在日本において同性婚ができないことを人権侵害であるとして，日本弁護士連合会に対して人権救済を求めています。

### Get Equal（ゲット・イコール）🇬🇧

www.getequal.org

LGBTQの権利を求めて，コミュニティに参加する人たちを励まし，支援する支援運動組織。

### Lambda Legal（ラムダ・リーガル）🇬🇧

www.lambdalegal.org

アメリカ国内では古くから活動を続けている，LGBTQの権利に焦点を絞った組織。訴訟，教育，公共政策への取り組みを通じて，LGBTQや，HIVキャリアの人たちの公民権に対する完全な理解を目指しています。

### National Gay and Lesbian Task Force（全国ゲイ・レズビアン・タスクフォース）🇬🇧

www.thetaskforce.org

アメリカ国内を代表する，LGBTQコミュニティの法的権利の拡大に取り組む支援運動組織です。活動家に対するトレーニング，政策の調査と分析，法律問題に関する最新情報の一般公開を行っています。

## LGBTQの歴史と各国の現状

### ■アメリカの本

『Making Gay History: The Half-Century Fight for Lesbian and Gay Equal Rights』🇬🇧

Eric Marcus（著）／ New York: Harper Perennial（2002年）

ゲイの公民権運動の50年の歴史が分かる本。普通の人からエレン・デジェネレスのような有名人まで，さまざまな人の意見を集めています。

『Out in the Country: Youth, Media, and Queer Visibility in Rural America』英

 Mary L. Gray（著）／ New York NYU Press（2009年）
 農村部でのクィアの人たちの生活を，著者の個人的な体験や解説を通じて知ることができます。

『Queer America: A People's GLBT History of the United States』英

 Vicki L. Eaklor（著）／ NewYork: New Press（2011年）
 LGBTQの人たちから見た，20世紀のLGBTQの問題や権利についてまとめています。

### ■世界各国のLGBTQの現状

『Love's Rite: Same-Sex Marriage in India And the West』英

 Ruth Vanita（著）／ Basingstoke, U.K.: Palgrave Macmillan（2005年）
 同性結婚について世界中で議論されている中，ヒンドゥー教に根ざしたインド文化の中でのゲイの結婚の現状と，インド社会のホモセクシュアルに対する見方の変化について取り上げた本です。

『Tommy Boys, Lesbian Men, And Ancestral Wives: Female Same-sex Practices in Africa』英

 Ruth Morgan, Saskia Wieringa（編）
 Johannesburg South Africa: Jacana Media（2006年）
 アフリカ文化ではタブーとされているホモセクシュアルの女性が増加しているという現状に焦点を当てています。

『Unspeakable Love: Gay and Lesbian Life in the Middle East』英

 Brian Whitaker（著）／ Berkeley: University of California Press（2006年）
 LGBTQの生活や苦悩について，アラブ社会と西欧社会とで比較を行っている本です。

### ■映画

『After Stonewall』英

 John Scagliotti（監督）／ NewYork First Run Features（1999年）

1969年に起こった「ストーンウォールの反乱」から20世紀末までのLGBTQの権利運動に関するドキュメンタリー映画。

『Before Stonewall』英

> John Scagliotti（監督）／ NewYork First Run Features（1986年）
> 「ストーンウォールの反乱」以前のLGBTQの権利運動に関するドキュメンタリー映画。

『Call Me Kuchu』英

> Malika Zouhali-Worrall, Katherine Fairfax Wright（監督）
> New York: Cinedigm Entertainment Group（2012年）
> ウガンダのLGBTQコミュニティの苦闘を追ったドキュメンタリー映画。

『Out of the Past: The Struggle for Gay and Lesbian Rights in America』英

> Jeff Dupre（監督・制作）／ Michelle Ferrari（原作）
> Arlington, VA: PBS（1998年）
> 400年にわたってアメリカで展開されたLGBTQに関する政治活動や社会運動を概観できます。

## 心の健康のために

AGP（同性愛者医療・福祉・教育・カウンセリング専門家会議）日

> www.agp-online.jp/
> 医療・カウンセリング・福祉・教育などの分野でレズビアンやゲイのコミュニティに貢献しようとするグループです。

NPO法人アカー（動くゲイとレズビアンの会）日

> www.occur.or.jp
> レズビアンやゲイのための電話相談，エイズや性感染症の情報ライン，法律相談などの各種専門相談，また，エイズの予防啓発イベントなどの社会サービス事業をはじめ，人権擁護，調査研究，政策提言，国際協力などの各分野の事業を総合的に展開しています。

GLBT National Help Center 英

www.glnh.org

LGBTQの人を対象とした，専用の電話相談やオンラインチャット。今深刻な状態にあるのではなくとも，気軽に利用することができます。

National Suicide Prevention Lifeline（全米自殺防止ライフライン）英

www.suicidepreventionlifeline.org

危機的な状況にある人や，メンタルヘルスに関する資料を探している人のための，電話やオンラインチャットによる相談サービスです。

The Trevor Project（トレヴァー・プロジェクト）英

www.thetrevorproject.org

アメリカ国内でも有数の，LGBTQの若者の救済団体です。自殺防止ホットライン，オンラインチャット，メール，LGBTQの若者専用のソーシャルネットワークなどさまざまなサービスを提供しています。

## セックスについて

Advocates for Youth 英

www.advocatesforyouth.org

オンラインリソースや印刷資料の提供，政策の分析と支援活動，全国へのアウトリーチ活動を行っています。

Health Initiatives for Youth（若者の健康を考えるイニシアティブ）英

www.hify.org

見過ごされがちな若者の健康と福祉の改善を目指す多文化組織です。さまざまな面での社会変革を求めて，若者のリーダーシップ育成，普通教育，支援活動を行っています。

Planned Parenthood（アメリカ家族計画連盟）英

www.plannedparenthood.org

セックスに関する教育と健康サービスの普及に努める国内有数の支援活動団体。

## ■ウェブサイト

Go Ask Alice 英

> goaskalice.columbia.edu
> コロンビア大学のサイトに開設された,健康とセクシュアリティとに関する一問一答形式のブログ。

Scarleteen 英

> www.scarleteen.com
> セックスに関する解剖論から性の政治学まで,健全な性行動に関するテーマを取り上げる,10代の若者向けの情報サイト。

## ■本

『S.E.X.: The All-You-Need-to-Know Progressive Sexuality Guide to Get You Through High School and College』英

> Heather Corinna (著) ／ Cambridge, MA: Da Capo Press (2007年)
> セックスに関する解剖論,性感染症,女性嫌い,同棲など,セクシュアリティに関するあらゆる面について,すべてのジェンダー・アイデンティティの人に合わせた内容で書かれています。

# 謝　辞

**クリスティンからみなさんへ**

　自分と，自分の信仰と，自分の娘とに再度出会うために，一所懸命になってくれたママへ。本当にありがとう。身長170cm，体重64kgの小柄なパパは，私に代わって世界中を相手に戦ってくれました。それから，とにかくよく理解してくれる妹へ。テレサおばさんは，いつでもためらうことなく本音で話してくれ，ほかの人の意見にも耳を傾け，何より熱烈に愛情を注いでくれました。大親友のランディへ，いつでも頼りになるトレイへ，来る日も来る日も私のことを，私自身と世界とから守ってくれるジェニーへ，ありがとう。そしてダニエル。ほかの誰にもできない方法で私のことを理解し，毎日何時間でも私のそばで仕事をし，ばかばかしくも意義深い，人生という旅を一緒に歩むパートナーとしてこの世にやってきてくれました。私たちはもう誰にも止められないぞ！


**ダニエルからみなさんへ**

　これまで私が出会った人たちに，心からの感謝の気持ちを述べます。みなさんが私を励まし，私を奮い立たせ，私を信頼してくれたおかげで，自分でも信じられないほど一所懸命仕事に取り組むことができました。私の友だちと家族には，何と言って感謝すればいいか分かりません。パパがいてくれたから，私は自分のことを誇りに思えるし，パパからはいろいろなことを教えてもらいました。それから大好きな猫のジャネット。アマンダとヒラリーとゼトラーとブリンは，時には私をたしなめ，時には大笑いさせ，時には親友のすばらしさを教えてくれました。そしてクリスティンへ。思いがけなく出会った生涯のパートナーにして，旅の仲間。私が正気でいられたのはクリスティンのおかげです。誰よりも私を理解してくれるクリスティンのいない人生は考えられません。私たちはこれからも前進を続けます！

# 索 引

## あ行

安全なセックス……………………………… 110-13, 122-26
いじめ………………………………… 36-38, 170-73, 174-76
ウイルス感染症…………………………………………… 122-23
うつ病……………………………………………………… 176-78
エイズ……………………………………… 113-14, 116-17, 121
おもちゃの選択…………………………………………… 38-41, 42

## か行

外泊………………………………………………… 119-20, 121
カウンセリング……………………………………………… 177-78
家族
　　〜に打ち明ける………………………………………… 70-72
　　〜の意味……………………………………………… 103-5, 106
　　〜の宗教的信念…………………………………… 135-37, 141
学校
　　〜でのいじめ…………………… 36-38, 170-73, 174-76, 188
　　〜でのカミングアウト………………………………… 36-38
　　トイレに関する方針………………………………… 157-58, 167
カミングアウト
　　安心して〜できる環境を作る………………………… 32-34
　　一方の親だけに対する〜…………………………… 76-79
　　学校での〜…………………………………………… 36-38
　　きょうだいがすでに〜している……………………… 57-59
　　継続的なプロセスとしての〜………………………… 22-25
　　ゲイの子どもを持つ親として〜………… 67-68, 189-190
　　〜の経験談………………………… 13-16, 29-31, 34-36
　　ほかの人と〜の情報を共有する……………………… 62-83
寄生虫感染症……………………………………………… 122
きょうだい
　　〜に知らせる…………………………………………… 70-71
　　〜のセクシュアリティ………………………………… 57-59
クィア（言葉の使い方）………………………………… 17-18

クェスチョニング……………………………………………18
クラミジア………………………………………… 122-23
ゲイ（言葉の使い方）……………………………… 17-18
外科手術によるトランジション…………………… 159-62
結婚………………………… 103-5, 134-35, 141, 180-81
原虫感染症…………………………………………… 122
コンドーム………………………………… 116-17, 123-25

## さ行

細菌感染症………………………………………… 122-23
差別………………………………… 97-100, 101-03, 106
支援
　〜グループ…………………………… 39, 183-85, 188
　〜の重要性………………………… 170, 176-78, 188
ジェンダー
　クェスチョニング………………………………… 18
　割当てられた〜………………………………… 144
ジェンダー・アイデンティティ
　おもちゃや服装の選択………………… 38-41, 42, 152-55
　性的指向………………………………… 145-46, 167
　トイレ…………………………………… 157-58, 167
　トランジショニング………………… 159-62, 163-66
　名前を変えること……………………… 155-57, 167
　〜に対する親の見方…………………………… 148-152
　〜の概念………………………………………… 144
　〜の分類………………………………… 17-18, 145-46
ジェンダークィア………………………………… 146
ジェンダーフルイド……………………………… 146
自殺……………………………………………… 176-78
シスジェンダー………………………………… 144, 145-46
社会的な差別……………………………………… 99-100
宗教的信念
　愛と〜………………………………… 128-30, 141
　親の〜………………………………… 128-35, 141
　家族や友人の〜……………………… 135-37, 141

|  |  |
|---|---|
| 結婚と〜 | 134-35, 141 |
| 子どもの〜 | 137-40, 141 |

潤滑剤 124-26
将来像 86-90, 92-94, 103-5, 106
性感染症 113-14, 121, 122-26
性病 ➡ 性感染症を参照
セクシュアリティ
 アイデンティティの分類 17-18
 きょうだいの〜 57-59
 ジェンダー・アイデンティティと〜 145-46, 167
 「選択」としての〜 44-46, 60
 「段階」としての〜 48-50
 〜について尋ねること 31-34, 52-54, 60
 〜の原因 47-48, 60
セックス
 安全な〜 110-13, 116-17, 122-26
 カジュアルな〜 108-10
 〜について話す 108-13, 114-17
セラピー 176-78
祖父母
 〜に知らせる 71-72
 〜の宗教的信念 135-36, 141

### た行

つき合う 118-19, 121
デンタルダム 125
トイレ 157-58, 167
同性結婚 104, 134-35, 141, 180-81
トランジショニング 159-62, 163-66
トランスジェンダー
 安全 150-51, 157-58
 トイレ 157-58, 167
 トランジショニング 159-62, 163-66
 名前を変えること 155-57, 167
 〜に対する親の見方 148-52

## な行

名前を変えること……………………………… 155-57, 167

## は行

パートナーに打ち明ける………………………………… 76-79
バイセクシュアリティ……………………………………… 95-97
パンセクシュアリティ……………………………………… 95-97
ヒトパピローマウイルス………………………………… 122-23
不安
    差別に対する〜……………………………… 97-100, 101-3
    将来に対する〜……………………………… 86-90, 101-5
服装の選択……………………………………… 38-41, 42, 152-55
プライド………………………………………………… 186-87, 188
ヘルペス………………………………………………………… 122-23
法律上の差別…………………………………………………… 99-100
ホルモン療法……………………………………………… 159-62, 168

## や行

友人
    親の〜に打ち明ける……………………………………… 67-68
    子どもの〜…………………………………………………… 118-19
呼び名……………………………………………………… 155-57, 167

## ら行

乱交……………………………………………………………… 108-110
レズビアンとゲイの親，家族，友人の会…… 39, 183-85, 199

## A-Z

HIV ………………………………………… 113, 121, 122, 124
HPV …………………………………………………………… 122-23
PFLAG ……………………………………………… 39, 183-85, 199
STD ……………………………………………………………… 122-26
STI ……………………………………………………………… 122-26

| 著者紹介 | ダニエル・オウェンズ＝リード／クリスティン・ルッソ |
|---|---|
| | ダニエルとクリスティンは、レズビアン、ゲイ、バイセクシュアル、トランスジェンダー、ジェンダークィアまたはクェスチョニング（LGBTQ）の若者や、それを支える家族や友人の話に5年以上も耳を傾けてきた。2人が開設した『Everyone Is Gay（みんなゲイ）』は優秀なウェブサイトとして表彰され、2人はアメリカ各地の大学やハイスクールを回って、LGBTQ問題の啓発活動にも取り組んでいる。現在、ダニエルはロサンジェルスに、クリスティンはニューヨークに在住。 |

| 訳者紹介 | 金成 希（かなり のぞむ） |
|---|---|
| | 翻訳家。塾・予備校講師、建設コンサルタント会社、NPO法人での勤務を経て、2011年からフリーランスとなる。訳書には、『分解してみました』（パイインターナショナル、2015年5月）、『僕はベーコン』（パイインターナショナル、2014年11月）、『ジュニアイラスト英語辞典』（日東書院本社、2014年7月）がある。 |

■LGBTの子どもに寄り添うための本
――カミングアウトから始まる日常に向き合うQ&A　　　　　〈検印省略〉

■発行日──2016年2月26日　初版第1刷発行

■著　者──ダニエル・オウェンズ＝リード／クリスティン・ルッソ
■訳　者──金成　希
■発行者──大矢栄一郎
■発行所──株式会社　白桃書房
　　　　　〒101-0021　東京都千代田区外神田5-1-15
　　　　　電話 03-3836-4781　FAX 03-3836-9370　振替 00100-4-20192
　　　　　http://www.hakutou.co.jp/

■印刷・製本──藤原印刷

©Nozomu Kanari 2016　Printed in Japan
ISBN 978-4-561-51093-2 C3036

本書のコピー、スキャン、デジタル化等の無断複製は著作権法上での例外を除き禁じられています。
本書を代行業者等の第三者に依頼してスキャンやデジタル化することは、たとえ個人や家庭内の利用であっても著作権法上認められておりません。

落丁本・乱丁本はおとりかえいたします。

## 好 評 書

F. E. ウィンフィールド【著】三善勝代【訳】
**コミューター・マリッジ**　　　　　　　　　　　　本体 2,600 円
　―離れて暮らし，共に生きる

畢　滔滔【著】
チャイナタウン，ゲイバー，レザーサブカルチャー，ビート，
**そして街は観光の聖地となった**　　　　　　　　本体 2,750 円
　―「本物」が息づくサンフランシスコ近隣地区

E. H. シャイン【著】金井壽宏【訳】
**キャリア・アンカー**　　　　　　　　　　　　　本体 1,600 円
　―自分のほんとうの価値を発見しよう

E. H. シャイン【著】金井壽宏・髙橋　潔【訳】
**キャリア・アンカー**　　　　　　　　　　　　　本体 762 円
　―セルフ・アセスメント

―――――――― 東京　**白桃書房**　神田 ――――――――

本広告の価格は本体価格です。別途消費税が加算されます。